AF360084

Gabrielle BOSSIS

Le Charme

Comédie sociale en trois Actes

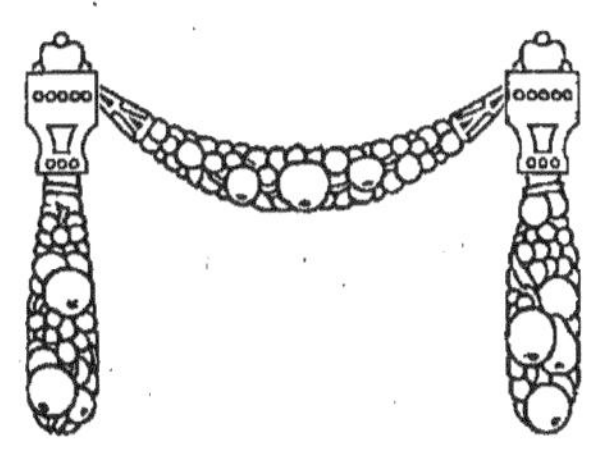

Editions de " LA VIE AU PATRONAGE "
40, Avenue des Deux-Gares, à ANTONY (Seine)

SANS DROITS D'AUTEUR

LE CHARME

Comédie sociale en trois Actes, de Gabrielle BOSSIS

Troisième Prix au Concours de *La Vie au Patronage* (1924)

Le charme est un ensemble de puissantes racines mystérieuses, faites d'atavismes, d'appels de nos ancêtres, d'habitudes qui font que le bonheur consiste surtout à vivre où nous sommes nés, en cherchant à nous perfectionner toujours. Beaucoup veulent s'arracher des terres de leur village, espérant trouver, dans la cité, l'excitation et le plaisir. Ils n'y rencontrent que désillusion et misère.

Au Premier Acte. — Nous sommes dans la petite maison de paysannes très à l'aise qui ont fait élever leur fille au pensionnat de la ville. Cette fille en est revenue depuis peu, mais dédaigne les êtres et les choses qui l'entourent, ne rêve que de vie à Paris et meurt d'ennui imaginaire. Un accident d'auto sur la route amène des amies de pension, riches et vivant à Paris, avec une belle-sœur américaine. Cette dernière — femme de sens — cède aux prières de la jeune villageoise, qui la supplie de l'emmener à Paris. Car elle pense bien que les nombreux déboires qui accompagnent l'arrivée dans la capitale feront lumière dans le cerveau de la jeune personne.

Au Deuxième Acte. — C'est Paris, dans le salon de l'Américaine, qui aime tendrement son mari et met toute la joie de sa vie dans cette affection, contrairement à beaucoup de femmes mariées qui s'imaginent qu'en épousant tout est fini, alors que tout commence, puisque c'est le bonheur d'un autre à faire chaque jour.

La jeune villageoise a toutes les vicissitudes : changements de situations, fatigues morales et physiques; elle est même soupçonnée de vol et subit la crise du logement. Elle rencontre chez l'Américaine, la sœur de son amie qui s'est faite religieuse quêteuse. Cette dernière, tout heureuse de paix et de charité, forme un contraste reposant avec la vie agitée des Parisiennes.

Au Troisième Acte. — Dans un château offert à l'Américaine par son mari, nous sommes revenues au pays du premier acte et assistons au repentir de la jeune écervelée que le mal du pays a ramenée dans les sentiments les meilleurs. Elle épousera un fermier, fera valoir la terre où elle est née et mènera vie utile.

Prix de l'exemplaire, *franco* : 2 fr. 50. En vente aux bureaux de *La Vie au Patronage*.

PERSONNAGES

DAISY. — JEANNETTE CHÉNAC. — CLAIRETTE, ODETTE, belles-sœurs de Daisy. — MARIETTE, tante de Jeannette. — LA COURTAUDE, vieille paysanne. — LA MÈRE CHÉNAC. — COMTESSE DE SAINT-CYR. — MARQUISE DE LA RAUME. L'EMPLOYÉE DES GALERIES PRINTANIÈRES. — SŒUR JULIE. — GERTRUDE, femme de chambre. — UNE COUTURIÈRE. — PETITES PAYSANNES, en grand nombre.

ACTE PREMIER

Chez la mère Chénac, au Mesnil-en-Vallée (Maine-et-Loire). Intérieur de ferme.

SCÈNE PREMIÈRE

MARIETTE, seule.

(*Elle nettoie ses pots à lait*). Je ne crois tout de même pas que le beurre sera à neuf francs cinquante, cette semaine-ci !... Et les œufs qui valaient six francs dix sous !... (*Riant.*) Si ça continue de monter, ce sera ben dommage qu'on n'en ait pas pus que ça à vendre sur le marché... Ah! dame, on pourrait bientôt s'acheter de quà rouler en auto !... (*Elevant la voix.*) Qu'en dis-tu, la mère Chénac ? Hein ? (*Appelant.*) Où es-tu donc, à c'te heure ?

SCÈNE II

MARIETTE, LA MÈRE CHÉNAC

La mère Chénac, *entrant avec sa lessive sèche sur l'épaule.* — Quà que tu dis, ma sœur?

Mariette. — Je disais : les affaires vont ben comme y faut. Chaque mois, çà monte sur l'autre. C'est comme les haricots et les artichauts ! C'est çà qui se vend ben ! Y avait-il pas un revendeur qui venait d'Angers et qui m'a pris toute ma pannerée ! Il m'a dit : « Ben quoi ! Y en a pas d'autres, la petite mère? » Tant pus j'en avais, tant pus il en voulait !

La mère Chénac, *pliant ses serviettes.* — Ben, oui ! mais t'as pas besoin de le dire.

Mariette. — Oh ! ben, je dis çà comme çà, parce que t'es là ! Pour sûr que je le dirais pas à d'autres. Mais quand je vois la boursée dans l'armoère... je me dis qu'un jour on finira peut-être ben par faire comme les ceusses de Varades et d'Ancenis.

La mère Chénac. — Quà donc?

Mariette. — Ben ! on aura son p'tit Citroin pour aller le vendredi au marché d'Ingrandes.

La mère Chénac. — T'es pas folle !

Mariette. — Ben quà, ma sœur! L'argent, si on *la* dépense, c'est qu'on l'a gagnée... Et puis ! c'est çà qui ferait plaisir à Jeannette !... Ousqu'elle est donc par là?

La mère Chénac. — Jeannette? A doit être à lire dans les livres. C'est tout son bonheur depuis qu'elle est sortie de sa pension.

Mariette. — Ah ! dame, pour une savante, c'est une savante ! Tout ! A sait tout ! Le prix du franc anglais, les notes de la musique, les années bisextiles et des mots de chimie en gros et en détail.

La mère Chénac. — Et dessiner avec des crayons !... A fait des figures, c'est aussi beau que des affiches ! As-tu vu celles qu'elle a faites dans la remise?

Mariette. — Quelles donc ?

La mère Chénac. — C'est des portraits. Çà doit en être des petites demoiselles de sa pension. Y en a un ousqu'elle a écrit dessous : « Julie ».

Mariette. — Mais non, j'ai vu. C'est pas Julie, c'est Junon.

La mère Chénac. — Junon? C'est pas un nom ! Je te dis que c'est Julie. Elle lui a mis des feuilles autour de la tête. C'est si dans la ressemblance que j'en ai resté la goule bâillée.

Mariette. — Ben, si on l'appelait ; qu'on lui dirait de mettre tout çà en ordre, ici... j'aurais le temps d'aller à la Loire. Et puis, toi, tu irais aux vaches.

La mère Chénac. — Faut point la déranger. Tu sais ben qu'à n'aime guère çà. Et

puis, y a si peu de temps qu'à nous est revenue; à ne s'est point mis le cœur à l'ouvrage. Çà viendra, çà viendra.

Mariette. — Pour que ça vienne, faut ben commencer. Faut point gâter les enfants.

La mère Chénac. — Que veux-tu ! J'ai pus que celle-là. Pus de mari, deux gâs de morts à la guerre... Alors, faut point lui faire la vie dure. A s'y mettra ben comme ça, à force de nous voir faire. Et puis, j'espère ben qu'à se mariera avec un gâs du Mesnil, un bon gâs! Y n'en manque point, Dieu mercitte ! Et dans c'te ferme, y aura ben de quoi gagner leur vie et celle de leurs quenios.

Mariette. — Hé !... j'sais pas... mais... à ne leur parle guère aux gâs du Mesnil !... Pas plus tard qu'à ce matin, la voisine, la Courtaude, à me disait comme ça : « Tu parles qu'elle est fière, la Jeannette ! Depuis qu'alle est revenue de sa pension d'Angers, c'est pire qu'une huche fermée à clef : bonjour, bonsoir... »

La mère Chénac. — A n'ose point. A n'est point n'hardie avec le monde. Quand vient queuqu'un ici, à monte dans la chambre.

Mariette. — Ben, oui : lire dans les livres? C'est-y au moins point de mauvais livres. J'ai ben regardé, mais j'ai ren compris. Y avait des os d'Ugène... des o...xigène, j'sais pas quoi. Tiens, la vlà !

SCÈNE III

LES MÊMES, JEANNETTE

Jeannette traverse la scène, un châssis de photo à la main.

Mariette. — Eh ! ben, Jeannette, où vas-tu donc comme ça?

Jeannette. — Je vais mettre ma photo à venir dehors avant qu'il ne pleuve.

La mère Chénac. — Ta photo ? Qué photo?

Jeannette. — C'est une de mes amies qui m'avait prêté son attirail pour développer les plaques qu'on avait prises à la dernière récréation, il y a six mois déjà !

Mariette. — Les plaques... les plaques... Tiens ! tu ferais ben mieux de repasser la lessive à ta mère.

Jeannette, *regardant son châssis.* — Je crois que ça va être très réussi ! C'est bien venu à l'hydroquinone.

Mariette. — A l'hydro qui fait quà?

Jeannette. — ...quinone. C'est le nom du liquide qui révèle les blancs en noir sur la gélatine.

Mariette. — Ben, moi, j'aime mieux les jaunes que les blancs, et j'aime mieux le bœurre que la gélatine.

Jeannette, — Tu ne comprends pas, tante Mariette ! Mais, tu verras, ce sera très réussi ! Tiens, regarde celle-ci qui est terminée. (*Elle montre une épreuve.*) Regarde ça, c'est moi.

Mariette, *tirant ses lunettes.* — Attends que je mette mes yeux... Ousque t'es?

JEANNETTE. — Là, tu vois? Debout sur le banc.

MARIETTE. — Ça?... c'est toi?... Dieu! que t'es laide, ma pauvre fille ! T'as tous les cheveux à l'envers.

JEANNETTE. — Parce que, ce jour-là, nous nous étions toutes coiffées à l'embusqué, tu sais : loin du front.

LA MÈRE CHÉNAC, *approchant*. — Montre-moi donc çà... Bonnes gens ! Mais combien donc qu'vous êtes ?

JEANNETTE. — Nous sommes toutes celles de ma classe. Voici, à gauche, Marguerite Delalande ; à côté, Charlotte Mainguy. Et puis, celle qui penche la tête, c'est Amélie Brossard.

LA MÈRE CHÉNAC. — Et puis celle-là, qui paraît ben délurée?

JEANNETTE. — C'est Odette Dutilleul.

MARIETTE. — Du tilleul, ça, c'est mon vrai goût !

JEANNETTE. — Et puis, voici sa sœur Clairette, qui voulait se faire religieuse. Et puis, tu vois la petite, au fond? C'est leur cousine Gisèle... (*Riant.*) Si tu savais comme ça me fait plaisir de les voir toutes là !... Comme je m'amusais dans ce temps-là !...

MARIETTE. — Eh ! ben, maintenant, tu t'amuses pus, donc?

JEANNETTE. — Oh ! ce n'est pas la même chose ! ! !

MARIETTE. — Naturellement, c'est pas la même chose... mais tu peux pas dire qu'on te laisse pas faire ce que tu veux, et même rin faire, si tu veux !

JEANNETTE. — Je sais bien. Mais je travaille, moi aussi... Seulement, je ne travaille pas de la même façon que vous, voilà tout !

MARIETTE. — Ça ? c'est-y du travail, ta gélatine, qui trempe dans l'hydro qui fait... qui fait des révélations?

JEANNETTE, *rectifiant*. — Hydroquinone-révélateur. Tante Mariette, tu comprends, moi, j'ai mes brevets. Je ne peux tout de même pas m'amuser, comme toi, à aller vendre du beurre au marché d'Ingrandes et à gratter le nid des poules pour voir s'il y a des œufs?

MARIETTE, *s'échauffant*. — Eh ! ben, c'est le grand tort que t'en as, ma fille ! Y a maintenant des belles demoiselles, comme t'en as là sous le tilleul, et des messieurs dè la ville, qui achètent des terres ben cher, à la campagne, et qui font ce que ta mère et moi nous faisons... C'est-y pas encore là qu'on gagne le pus? Ça vaut-y pas mieux que les banques qui sautent avec leurs billets en papier ? ou que les marchands de sucre qui fondent?

JEANNETTE. — Ce n'est pas de ma faute, a moi, si je n'aime pas la campagne. (*Elle sort brusquement.*)

SCÈNE IV

LES MÊMES, *moins* JEANNETTE

LA MÈRE CHÉNAC. — Ne lui parle donc pas comme ça... C'est pas le moyen de lui faire prendre goût à la maison, voyons !...

MARIETTE. — Eh ! qu'est-ce que tu veux..! Ça me fâche de la voir comme elle est là... comme une étrangère, quoi!... on dirait que t'es une poule qui a couvé une pintade... Et si on ne lui dit jamais rien, de quoi qu'elle aura l'air dans queuque temps !

LA MÈRE CHÉNAC. — J'te dis qu'à s'y fera. Faut point la brusquer. A s'y fera.

MARIETTE. — Oh ! ça... oh ! ça... Allons! v'là tous mes pots échaudés ! Je m'en vas maintenant chercher l'herbe pour les lapins. Et puis... si à revient... dis-y donc de ramasser le linge... puisque tu l'as plié... à peut tout de même ben faire ça. A devrait être heureuse plutôt, de voir tant de draps qu'on a filés... au prix où ils sont les draps... La demoiselle de dessous le tilleul, à ne doit pas en avoir comme ça à la douzaine dans ses armouères à glaces ! (*Elle sort.*)

SCÈNE V

LA MÈRE CHÉNAC, *seule*.

Moi, ce qui me contrarie, c'est que je ne la vois jamais rire, ma Jeannette ! Alle a sûrement queuque chose qui l'empêche d'être heureuse avec nous !... Mais quèque c'est-y? Quèque c'est-y?

SCÈNE VI

LA MÈRE CHÉNAC, JEANNETTE

LA MÈRE CHÉNAC, *à Jeannette qui rentre*.— Jeannette?

JEANNETTE, *s'arrêtant*. — Que me voulez-vous, ma mère?

LA MÈRE CHÉNAC. — T'es pas malade, au moins?

JEANNETTE. — Mais non, je me porte très bien.

LA MÈRE CHÉNAC. — Allons... Bon, c'est bon.

JEANNETTE. — Pourquoi me dites-vous ça?

LA MÈRE CHÉNAC. — Parce que... Des idées que je m'étais faites comme ça... je me disais : « A n'est point gaie, cette petite fille-là ! » C'est vrai, t'es pas comme les autres. Dame ! regarde toutes les filles du Mesnil ! Ce qu'elles se mettent à rire dans les chemins! Ben mignonnes, ben sûr ! Et ça conte ! et ça dit ! C'est pire que les grenouilles de l'île Mélet.

JEANNETTE.— Que voulez-vous, ma mère, qui me fasse rire, ici? Personne ne comprend mes occupations. Je ne peux même pas en parler, on se moquerait de moi. Les voisines me jalousent parce que j'ai mes brevets. On me jette des regards en-dessous. Là-bas, à la pension, tout était facile, les heures réglées, les journées remplies. Chaque étude avait son temps. L'esprit était occupé de littérature, d'art... Je vivais, je respirais. Ici, je ne sais que faire.

LA MÈRE CHÉNAC. — C'est parce que tu n'as pas encore l'habitude, ma fille. T'es une déplantée. Tu reprendras racine ici, va.

Chaque chose à son heure, on ne peut pas toujours être en pension, voyons ! Et il ne manque pas d'ouvrage à faire ici, Dieu mercitte ! Et la cuisine ! Et le linge à étendre, à sécher, à plier fin comme soie, à parfumer de lavande et à arrimer tout dret dans les armouères. Et le jeudi soir... tout le marché à mettre dans les paniers...

JEANNETTE. — Ma mère, que voulez-vous : je ne m'intéresse pas à toutes ces choses. Tout cela n'est rien pour moi auprès de mes livres. Mes livres ! voilà mes amis.

LA MÈRE CHÉNAC. — Pffûtt ! t'en auras bentôt assez de tes livres, c'est moi qui te le dis. Tiens ! v'là la mère Courtaude.

SCÈNE VI

LES MÊMES, LA COURTAUDE
avec une béquille.

LA MÈRE CHÉNAC. — Vous v'là, mère Courtaude? Assistez-vous. Ça fait plaisir à vous revoir. Jeannette, donne donc une chaire.

LA COURTAUDE. — Me v'là. Jeannette? Alle est ben trop fière pour me donner une chaire.

LA MÈRE CHÉNAC. — A n'est point fière, malgré qu'alle en sait ben pus que vous et que moi. Mais à n'est point n'hardie.

LA COURTAUDE. — Alors, pourquoi que tu ne me dis point bonjour, Jeannette, quand tu sors de la grand'messe et que tu passes à ma porte, drette comme une gaule?

JEANNETTE. — Je ne vous ai pas vue.

LA COURTAUDE. — Parle pus fort, ma fille. J'entends haut avec le vent'de galerne.

JEANNETTE. — Je ne vous ai pas remarquée, Madame.

LA COURTAUDE. — Madame?? En v'là des manières !... Pourquà que tu ne m'appelles pas « la Courtaude » comme tout le monde?

JEANNETTE. — A Angers, on dit « Madame ».

LA COURTAUDE. — T'es pas à Angers, ma fille ! T'es au Mesnil-en-Vallée. C'est un pays qu'en vaut ben un autre, mazette ! avec la place de l'église, le château de Vaugiraud, et les prés ousque la Loire monte l'hiver par-dessus la levée. J'connais guère mieux ! Mais si tu n'as point remarqué les gens, y en a d'autres qui te remarquent. Et si je viens ici, c'est en commission. Attends. C'est sur un papier. Le v'là, sous mon mouchoèr. Tiens, écoute ça.

LA MÈRE CHÉNAC, *inquiète.* — C'est-y pour du bien, la Courtaude? ou c'est-y pour du mal?

LA COURTAUDE. — Ben, c'est pire que du bien, puisque c'est un gâs qui veut se marier avec elle.

LA MÈRE CHÉNAC, *transportée.* — C'est pas du Dieu possible ! (*Appelant.*) Mariette ! Mariette ! Accours donc ben vite, Mariette ! Attendez, la Courtaude, attendez un petit... Ma sœur, à va venir.

LA COURTAUDE. — J'ai quasiment le temps. La journée n'est pas finie.

SCÈNE VII

LES MÊMES, MARIETTE

MARIETTE. — Tiens ! c'est la Courtaude... Bonjour... Comment va vot'jambe, à ce matin?

LA COURTAUDE. — Que voulez-vous donc ! Comme j'en ai deux, je me sers de l'autre. Mais j'avais le feu dedans, hier, à la ressiée.

LA MÈRE CHÉNAC. — Ecoute, Mariette ! C'est not'fille qu'on demande en mariage.

MARIETTE. — Qui ça ! Jeannette? Qui c'est qui la veut?

LA MÈRE CHÉNAC. — Je sais pas. Mais ça doit être un bon garçon. Tu ne dis rien, Jeannette? T'es donc pas contente?

JEANNETTE. — Ecoutez, mère Courtaude. Je vous remercie pour la commission. Mais je ne veux pas savoir de la part de qui.

MARIETTE. — Ah ! ben, par exemple ! On va ben voir ça ! Comment ! v'là un gâs qui te fait la politesse d'avoir l'idée de toi ! et tu ne voudrais pas qu'on te dise son nom ? Moi, je me suis jamais mariée, mais j'étais tout de même pas fâchée de savoir quels étaient les ceusses qui voulaient m'avoir. Assieds-toi là, Jeannette. Et écoute. Qui c'est-y, la Courtaude?

LA COURTAUDE. — Attendez un peu. Que je vous lise ce qu'il a écrit là-dessus. J'y vois pas trop clair. (*Lisant péniblement.*) « C'est « pour vous faire connaître, mère Courtaude, « qu'il faut aller dire à Jeannette Chénac « que je pense à elle. C'est elle qui sera ma « femme, si c'est son goût. Et que j'attendrai « tout le temps qu'à voudra. » (*Elle replie le papier sous son mouchoir.*) Eh ! ben, voilà...

LA MÈRE CHÉNAC. — Ben qui?

MARIETTE. — Ben, qui c'est-y?

LA COURTAUDE. — Je vous l'ai-t-y point dit? (*Confidentiellement.*) C'est le gâs à maître Robinaud, de la Vallée.

LA MÈRE CHÉNAC *et* MARIETTE, *ensemble.* — Le gâs Robinaud !

MARIETTE, *pensive.* — Pour un brave gâs, c'est un brave gâs !

LA MÈRE CHÉNAC. — Ah ! ça, on peut pas dire. Et qu'a du bien. C'est du bon monde: la mère à lui, au père Robinaud, alle était à l'école avec ma mère, chez les Sœurs. Et puis, mon défunt Pierre, il a bien souvent fait la partie, le dimanche, avec maître Robinaud.

MARIETTE. — Hein, Jeannette. T'entends!

JEANNETTE, *se levant.* — Je vous ai déjà dit, ma tante, que cela ne m'intéressait pas.

LA COURTAUDE. — Ça ! c'est malheureux ! Si tu ne veux pas du gâs à Robinaud, qu'est-ce qu'il te faut alors? Un gâs comme il y en a pas dans tout le pays, depuis Varades jusqu'à Montjean !

JEANNETTE. — Vous ne pouvez pas comprendre. Mais c'est odieux... Jamais je ne consentirai à être une dame Robinaud, habitant la Vallée. Vous ne voyez donc pas que j'étouffe ici? Que tout m'agace, tout m'irrite? Ah ! que je suis malheureuse ! ! ! (*Elle pleure.*)

LA MÈRE CHÉNAC, *consternée.* — Ben vrai !

MARIETTE. — Voyons, Jeannette, t'es toute folle.

LA COURTAUDE. — Moi, je l'avais ben dit, ce qu'arrive-là ! J'avais pensé : à fait trop la demoiselle, a voudra pas.

LA MÈRE CHÉNAC. — J'y comprends rien. Voyons, Jeannette : la Vallée, c'est pas loin, ma fille, on se verra souvent. Tu viendras. J'irai. Et puis, c'est tout près d'Ingrandes. Tu sais ben, toi qui aimais tant la foire de la Saint-Mathieu et le 24 de mai quand tu étais petite?

JEANNETTE, *s'asseyant et pleurant.* — Laissez-moi, laissez-moi ! Non, non, je mourrai si je reste dans ce pays-ci ! Oh ! que je m'ennuie, que je m'ennuie !

MARIETTE. — Tu ne vas tout de même pas nous dire que tu veux t'en aller?

JEANNETTE, *éclatant.* — Si ! Si ! Je veux m'en aller! Je veux partir! J'en ai assez. Je veux la ville, la grande ville ! C'est là que je respire à mon aise. Ah ! la ville... au moins, là, on apprend, on voit de belles choses... on a les musées, les conférences. On entend les intelligences donner le grand son de cloches... c'est le progrès, c'est la science... C'est l'indépendance de soi-même et des autres. Je veux sortir d 'ici !...

MARIETTE. — Ouais... la v'là toute perdue, à c'te heure ! Tiens ! c'est tes livres, avec tes os d'Ugène qui t'ont fait moitié foleiller... regardez-moi çà, la Courtaude !... mais si tu t'avises de bouger, t'auras à faire à moi, ma fille !... A-t-on jamais vu... s'en aller ! une fille qui a coûté si cher à instruire... pour qu'à nous laisse en plan... Ah ! mais... faudra voir... En attendant, va remercier la Courtaude pour la peine qu'elle a prise pour toi... Va lui servir une tasse de café... allons...

JEANNETTE, *se levant pour sortir.* — Ah ! non, alors ! Je ne suis tout de même pas une servante ici !

MARIETTE. — T'es pas la servante, t'es ma nièce. Tu peux ben faire ce que je fais et ce que ta mère fait. C'est-y un déshonneur? T'as pas honte? La mère Courtaude qui t'a vue point faite? Allons, vas-y faire le mercitte.

LA COURTAUDE. — La forcez donc point, la forcez donc point, Mariette. Ah ! mes bonnes gens : la jeunesse, c'est ça avec le vieux monde, à c'te heure.

LA MÈRE CHÉNAC, *donnant la cafetière à sa fille.* — Tiens, Jeannette, mon fils, vas-y comme il faut.

(*Jeannette hésite, prend lentement la cafetière, sert en silence et la remet sur la table.*)

LA COURTAUDE. — Merci, ma fille.

(*Jeannette se jette sur une chaise et sanglote, le dos tourné et le visa gevers le mur.*)

JEANNETTE, *pleurant.* — C'est odieux c'est odieux !

(*Au dehors, trompe d'auto, cris, rumeur. On entend : « Mon Dieu ! oh ! là... au secours ! » Pluie.*)

MARIETTE. — Ben, quèque c'est que ça !

(*Elle court à la porte avec la mère Chénac.*)

LA COURTAUDE. — Comme il pleut ! Y a-t-il du malheur?

MARIETTE. — C'est un accident d'automobile. Oh ! mon Dieu !

LA MÈRE CHÉNAC, *regardant.* — Les pauvres gens ! Y a toujours ben un homme qui est par terre.

MARIETTE. — En vlà une qui a sauté. A n'a point de mal.

LA MÈRE CHÉNAC. — Je suis transie ! J'aime point voir ça ! Ah ! la petite demoiselle arrive par ici avec une autre.

SCÈNE VIII

LES MÊMES, ODETTE
et CLAIRETTE, *en costume de voyage.*

ODETTE, *émue.* — Pardon, Madame. Nous venons d'avoir un accident d'auto ; la voiture a dérapé sous l'averse et est allée contre un arbre. Notre-belle-sœur est blessée au pied.

MARIETTE. — Blessée ! Oh ! là, là : j'y cours. (*Elle ouvre une armoire.*)

CLAIRETTE. — Merci beaucoup, Madame. Nous voudrions seulement que vous nous aidiez à la soutenir pour la transporter jusqu'ici. Nous lui ferions prendre quelque chose. Ç'a été une si forte secousse...

LA COURTAUDE. — Oui. Faut qu'à prenne quèque chose. Prends-y toujours ben ma béquille.

LA MÈRE CHÉNAC. — Je vais avec toi, Mariette.

CLAIRETTE. — Merci. Vous êtes bien aimable. La voiture est un peu défoncée. Le chauffeur a roulé par terre ; il est indemne. C'est ma pauvre belle-sœur qui a eu le pied coincé par la portière. Alors, je crains fort que...

(*Elles sortent en causant. La Courtaude et Jeannette restent seules en scène. Un temps. Odette rentre.*)

SCÈNE IX

JEANNETTE, LA COURTAUDE, ODETTE

ODETTE, *debout près de la Courtaude.* — Nous regrettons bien de vous déranger, je vous assure ! Mais nous étions si loin de prévoir... (*Jeannette a levé brusquement la tête.*) Oh !... Jeannette Chénac !... Comment? toi ici, Jeannette !

JEANNETTE. — Par exemple ! Odette Dutilleul... Comme je suis contente de te voir. Quel bonheur ! Ma petite Odette !

(Elles s'embrassent.) Depuis six mois... Comme tu es devenue jolie !

ODETTE, *riant.* — Toi, tu es « toujours » jolie avec tes beaux cheveux. Tu avais les plus longues tresses de la pension... tu te rappelles ? La Mère Sainte-Odile faisait semblant de te les couper avec ses ciseaux, quand tu causais dans les rangs.

JEANNETTE, *riant.* — Oui, elle était Alsacienne *(Imitant)* : « Mattemoicelle Chénag, che fous les goupe tout ras zi fous gonttinuez ! » *(Elles rient toutes les deux.)* Oh ! comme ça me fait du bien de rire...

ODETTE, *regardant autour d'elle.* — Qu'est-ce que tu fais ici ?

JEANNETTE. — Je m'ennuie. C'est ici que j'habite.

ODETTE. — Mais je croyais que tu habitais en Maine-et-Loire ? Au Mesnil-en-Vallée ?

JEANNETTE. — Mais oui. C'est ici, Le Mesnil.

ODETTE, *étonnée.* — Tiens ! Je n'en savais rien. Tu sais, en auto, l'on va si vite ! Nous allions de Paris à La Baule ; et comme les noms ne sont pas écrits sur les clochers...

JEANNETTE. — Qu'est devenue Clairette ?

ODETTE. — Ma sœur ? Elle est là, avec moi.

JEANNETTE. — Je croyais qu'elle était entrée au couvent ?

ODETTE. — Oui, elle est entrée chez les petites Sœurs de l'Assomption. Seulement, on lui a donné quelques jours de repos à la maison avant de prendre l'habit, parce qu'elle avait été fatiguée. C'est mon frère Bernard, le lieutenant, qui a obtenu ça en faisant tapage près de la Mère supérieure : « Le mousquetaire au couvent. » *(Elle rit.)*

JEANNETTE. — Comme tu es gaie ! Comme tu es heureuse !

ODETTE, *regardant la Courtaude, qui boit sa tasse.* — Présente-moi. C'est ta mère ?

JEANNETTE. — Non. C'est une voisine. Elle est un peu sourde. *(A la Courtaude.)* C'est Mlle Dutilleul, une amie de pension.

LA COURTAUDE. — Salut, ma petite demoiselle. Excusez si je ne me lève point. C'est rapport à ma jambe.

ODETTE, *gentiment.* — Mais oui, mais oui, ne bougez pas, je vous en prie. *(Elle s'assied.)* Je suis bien contente de revoir Jeannette. Nous étions dans la même classe. Alors, nous étions toujours très bavardes toutes les deux.

JEANNETTE. — Tu demeures à Paris, maintenant ?

ODETTE. — Oui. Tu sais, nous avions perdu notre mère pendant la guerre. Alors, quand nous sommes sorties de pension, nous sommes allées habiter chez mon frère, qui venait de se marier. Il a épousé une Américaine : la fille d'un colonel fort riche que mon frère avait connu à la Croix-Rouge pendant sa convalescence, après sa blessure de Verdun.

JEANNETTE. — Elle est gentille, ta belle-sœur ?

ODETTE. — Oui. Elle est beaucoup plus âgée que nous, mais elle est charmante ; tu vas la voir. Elle a encore un peu d'accent ; mais on la comprend tout de même.

SCÈNE X

LES MÊMES, CLAIRETTE

CLAIRETTE. — Je viens chercher une chaise pour descendre Daisy de la voiture.

JEANNETTE, *joyeuse.* — Bonjour, Clairette.

CLAIRETTE, *surprise.* — Jeannette Chénac !... C'est toi !

ODETTE. — Quelle surprise, hein ? Nous sommes chez elle. Ici, c'est Le Mesnil.

CLAIRETTE. — Nous sommes au Mesnil ? Comme je suis contente de t'embrasser, Jeannette !

JEANNETTE. — Et moi, donc... il me semble que c'est encore le bon temps de la pension et que nous allons coucher le soir, côte à côte, dans les petits lits blancs du dortoir.

ODETTE, *à Clairette.* — Et Daisy ?

CLAIRETTE. — Ça va mieux. Elle va se reposer ici un peu. Je reviens tout de suite. *(Elle sort emportant une chaise.)*

SCÈNE XI

LES MÊMES, *moins* CLAIRETTE

JEANNETTE. — Cette Clairette ! toujours bonne et dévouée. Et toi, est-ce que tu vas aussi entrer au couvent ?

ODETTE. — Moi ! Tu me vois avec une cornette ? On me renverrait au bout de trois... Non, je suis presque fiancée ; mais il ne faut pas le dire...

JEANNETTE. — Ah ? Avec un ingénieur ? un professeur ?

ODETTE. — Ma foi non. Je crois même qu'il n'a jamais pu passer son bachot. Mais il est épatant, tu sais...

JEANNETTE. — Ah ! qu'est-ce qu'il fait ?

ODETTE. — Il est marchand de cochons.

JEANNETTE. — Comment ! ! marchand de cochons ?

ODETTE, *riant.* — C'est une façon de parler... je veux dire qu'il fait le commerce de porcs avec Chicago ; il gagne un argent fou. Ça, ça m'est égal ; mais il m'aime beaucoup ; ça, c'est délicieux. On ne le sait pas encore à la maison parce qu'il veut faire lui-même sa demande officielle. Et justement, il devait se trouver à La Baule, ce soir... Comme c'est ennuyeux ce retard ! *(Elle se lève et regarde au dehors.)* Ah ! voici Daisy qui arrive ! Oh ! dans quel état !... elle peut à peine marcher... elle qui, généralement, vole comme un oiseau. *(Elle fait des signes avec la main.)* Voilà... Voilà... Courage... Faut-il aller au-devant de vous ?

SCÈNE XII

LES MÊMES, DAISY, CLAIRETTE, LA MÈRE CHÉNAC, MARIETTE

Daisy, très élégante, entre, soutenue par ses aides.

LA MÈRE CHÉNAC. — Allons ! y a pus de danger maintenant, on est rendues. Tenez, ma petite dame, on va vous assire. *(On avance un siège.)*

DAISY, *accent américain.* — Oh ! combien jé suis fâchée de toute votre peine, pauvre chère Madame !... Il me faudrait seulement une jambe de rechange... oh ! là... oh ! là...

MARIETTE. — Vite une chaise !

DAISY, *s'asseyant.* — Oh ! oh ! oh !... C'est le pied ; c'est dans le pitit bout du pied.

LA MÈRE CHÉNAC. — Ben oui. C'est votre pied qui s'est pris dans la portière.

DAISY. — Nô, je crois plutôt que c'est le pôrtière qui a pris mon pitit pied.

ODETTE. — Pauvre Daisy ! avez-vous grand mal?

DAISY. — Je crois, mon chéri, que c'est pârce que je n'ai pas le habitude de avoir mâl, que j'ai mâl. Jamais je n'ai mâl ; ni tête, ni dents, ni nulle part... Oh ! là... oh ! là... et je trouve que ce n'est pas amusant du tout, d'avoir mâl quéque part.

LA COURTAUDE. — Ah ! ça, c'est ben vrai ! V'là une jambe qui ne me laisse point de repos, ni jour ni nuitte ! que j'en crierais à ma force, des fois. C'est là, dans le haut, que ça me tient.

DAISY. — Oh ! pauvre personne ! Combien je souis désôlée pour votre doloreüse couisse ! Oh ! Clairette, ça tire le peau sur mon os.

CLAIRETTE. — Chère Daisy, c'est peut-être votre soulier qui vous fait mal.

DAISY. — Oh ! pitit Clairette ! Ce n'est pas le sôlier qui me fait mâl... c'est le pied qui est dedans qui me fait mâl.

MARIETTE, *tournant une cuillère dans un verre.* — Vous allez toujours prendre une cerise à l'eau-de-vie pour vous remettre le cœur... C'est moi qui les fais... Vous allez me goûter ça... après cette secousse... Mais vous auriez pu vous tuer contre cet arbre !

DAISY. — Je crois ploutôt que c'est nous qui avons assassiné l'arbre.

ODETTE. — L'auto l'a coupé en deux ! Remercions Dieu de n'avoir pas eu pire, et d'être chez des amies... Imaginez, chère Daisy, que Jeannette, que voici, est une de nos amies de pension.

JEANNETTE. — Et vous pouvez penser, Madame, si j'ai été heureuse de voir chez nous Odette et Clairette !

DAISY. — Oh ! alors, moâ aussi, très contente je souis. Et si je pouvais mârcher, je serais une tôut à fait contente châose ! Seulement, je me fais du sang mâuvais, pârce que, à Le Baule, mon pâuvre cher gârçon de mari m'attend dans une heure, et l'auto, il est trôp cassé pôur partir de souite... alors, le bon Dieu, Il sait toutes les biscornües idées que mon pâuvre Bérnard, il va débrâsser dans son tête.

ODETTE, *à Jeannette.* — Il n'y a pas de téléphone au Mesnil?

JEANNETTE. — Il y en a un à Ingrandes, à quatre kilomètres d'ici.

DAISY. — Quatre kilomètres !... Moâ qui ne peux mârcher que quatre centimètres... je vais écrire... Clairette chérie, prêtez-moâ votre stylo, je vais lui stylographier quéque chôse.

MARIETTE. — Que voulez-vous donc ! Il fera ben comme les autres ! Quand il verra que vous n'arrivez pas, il attendra.

DAISY. — Oh !... c'est que je souis très amoureuse de mon mari... Vous riez? Je sais. C'est très ridicioule chôase, en France, une fêmme qui aime son propre mâri. C'est très rare. Ça se voit surtout dans les livres de la pitite Mme de Ségour.

CLAIRETTE. — C'est pour cela que je crois que le bon Dieu doit être heureux de voir une union telle que la vôtre, chère Daisy.

DAISY. — Oui, quand le bon Dieu nous regarde, Il est très content. Et nôus aussi : l'amour véritable rend l'hômme et la fêmme vertueux. Cela met un cher sôleil dans les jours et c'est really le bônheur dernier cri. Oh !... *(Elle a un geste de souffrance.)*

JEANNETTE. — Puis-je vous soulager, Madame ? Voulez-vous me permettre d'enlever votre bas?

DAISY. — Nô, merci beâucoup. C'est mon dernier cri, aussi, je pense. C'est parce que le pitit doigt de mon pied, il avait grimpé par-dessus le dos de l'autre ; mais il est descendu tout seul. Alors, ça va, je crois, beâucoup meilleur. *(A Mariette).* Ce eau-de-vie est très réellement bonne. Merci beâucoup de fois. Vos pôvez me donner un môrceau dé papier à lettre? Quéqu'un, ici, sera assez bénévole pôr aller porter mon lettre au télégraphe? Mon pâuvre chârmant Bérnard, il verra que je le aime à tôute vitesse.

CLAIRETTE, *donnant un buvard.* — Tenez, chère Daisy, voilà tout ce qu'il faut. Embrassez mon frère de ma part et rassurez-le.

DAISY. — Oui, pouisque nôus n'avons pas été tôt à fait mortes. Je vais lôui dire que nôs sommes abordées à Mesnil avalé.

ODETTE, *riant.* — Pas avalé, Daisy : en Vallée.

DAISY. — Yes, en Vallée... Que vôs âvez ici gentille chère amie, que j'ai déjeuné d'une bon cerise eau-de-vie, et que nôus sommes heureux tôt à fait. Il faut être heureux. C'est bon méthode pôr aider au bonheur des autres.

ODETTE, *riant.* — Alors, voilà un télégramme qui va être plein d'esprit.

DAISY, *écrivant.* — Nô, l'amôur ne fait jamais d'esprit.

MARIETTE, *mettant des bols.* — Tenez, mes petites demoiselles, vous allez me boire une tasse de tilleul pour vous réchauffer les sangs.

C'est du bon ! C'est du tilleulier de derrière la maison.

CLAIRETTE. — Vous êtes bien aimable de penser ainsi à tout !

JEANNETTE, *servant.* — Clairette, ça me fait du chagrin de penser que, bientôt, tu seras dans ton couvent... Tu prieras pour moi?

CLAIRETTE. — Certainement, ma petite Jeannette ! Je prierai pour tous ceux que j'ai laissés derrière moi. Mais, tu sais, moi aussi, j'aurai grand besoin de tes prières.

DAISY, *s'interrompant.* — Oh ! vous, ma chérie, vous avez le pompon pour être bien avec le bon Dieu... Vôs avez des pitits sôurires tôus les deux ensemble, quand on vous laisse seul à seule...

ODETTE, *embrassant Clairette.* — Et puis, nous la gardons encore quelques semaines avec nous.

DAISY, *riant.* — Yes : les vingt-huit jours de Clairette.

CLAIRETTE. — Oh ! ma petite Daisy. Mais toi, Jeannette, tu ne viendrais pas avec moi, par hasard?

MARIETTE. — Jeannette ! alle a ben d'autre idée que le couvent !

ODETTE. — C'est vrai, Jeannette? Est-ce que tu te maries?

JEANNETTE. — Non. Je ne me marie pas.

LA MÈRE CHÉNAC, *fièrement.* — C'est pourtant pas l'occasion qui lui manque... n'est-ce pas, la Courtaude?

LA COURTAUDE. — Non. Vous, la petite demoiselle en rose, là, faites-lui donc de la morale: j'ai un gâs, dans ma poche de tablier; eh ! ben, figurez-vous donc qu'à n'en veut point.

ODETTE, *riant.* — Comment, Jeannette ! tu ne veux pas du prétendant qui est dans la poche du tablier?

LA MÈRE CHÉNAC. — Mais si, Jeannette ! Dis-y leur que t'en veux !

JEANNETTE. — Oh ! non ! N'est-ce pas, ma mère, n'en parlons plus. Du reste, je suis bien sûre que mes amies, ici présentes, vont me comprendre quand je vais vous répéter devant elles que je ne veux plus rester ici, que je veux aller habiter la ville, seul cadre digne de tout esprit cultivé.

CLAIRETTE. — Est-ce possible ! Mais on est bien plus heureux à la campagne... tout y est si reposant, si bon ! Les pensées sont simples près de la simple nature.

JEANNETTE. — Tu crois ça? On voit bien que tu ne sais pas ce que c'est... Je m'encroûte ici, je m'annihile, j'oublie tout ce que j'ai appris. C'est odieux. Je manque d'air d'une façon effrayante dans ce patelin !

DAISY, *posant son stylo.* — Voilà ! J'ai terminé mon page d'écriture. Il y a cent quatre-vingt-six mots. Combien d'argent ça va faire? Mon pitit chéri Clairette, vôs vôlez appeler le chauffeur? Il va trôuver peut-être bicyclette ou âne pour porter à travers les quatre kilomètres d'Ingrandes.

LA MÈRE CHÉNAC. — C'est pas inquiétant ; le gâs Robinaud va prêter son vélo.

MARIETTE. — Il fera encore mieux. Il ira lui-même jusqu'à Ingrandes. Tenez, la mère Courtaude, portez-y donc, s'il vous plaît.

LA COURTAUDE, *se levant.* — C'est ben facile. Je vas me mettre en route jusqu'à la Vallée.

DAISY, *tendant un billet à la Courtaude.* — Mon p'tit dame, prenez l'argent. Qu'il gârde le monnaie comme sôvénir.

MARIETTE, *ébahie.* — Un billet de cent francs ! En vlà-t-y une affaire !

LA COURTAUDE. — C'est ben que de trop... A la revoyure, la compagnie !

MARIETTE, *bas à la Courtaude.* — Vous direz au gâs Robinaud que Jeannette a réfléchi dans sa tête. Alors, qu'il attende quelques mois à passer. Mais faut point le désespérer.

LA COURTAUDE. — Oh ! que non... Ça le punirait-il !... ça le punirait-il ! *(Elle sort.)*

SCÈNE XIII

LES MÊMES, *moins* **LA COURTAUDE**

DAISY. — Quoi donc, le pitit fillle, il disait tout à l'heure? Qu'il manquait d'air dans ce patélin? Oh ! pourquoi?

JEANNETTE, *pressante.* — Oh ! Madame, je vous en prie, comprenez-moi, écoutez-moi, emmenez-moi à Paris. Sinon, je vais me consumer ici. Il me semble, voyez-vous, que je suis déjà enterrée vivante !

DAISY. — Oh ! enterrée vivante... Ce était très grave... et j'ai peur terrible que vô devéniez bientôt complètement morte !... Mais d'abord, disez à ôi : pôurquôi vos vous ennouiyez vôs-même dans ce gentil joli pays, entre vos deux bonnes fêmmes de mères?

JEANNETTE. — Joli pays ! Il est affreux, sans arbres...

DAISY, *riant.* — Si, il y en avait un... et nous l'avons tué.

JEANNETTE. — ...Sans distractions, sans mouvement d'idées.

DAISY. — Mais c'est très bien âu contraire, ûne vie qui s'écôule tôut dôucément, cômmé le riviére qui réflète lé ciel.

JEANNETTE. — A la ville, on trouve tout ! Il y a tant de diverses choses à étudier, à sentir, à partager. C'est une émotion de tous les instants. C'est le bonheur facile.

DAISY. — Heu, heu... le bônheur facile... le bônheur est en nôus-même, mon pitite. Nôus le pôrtons où nôus sommes. J'ai un peu frayeur que vôus ne vôus faites pas du tôut ressemblante idée de ce qu'est le vie dans le grande ville comme Paris. Tôut y est très compliqué. Il faut avoir trôp d'argent, sinon les choses s'embrôuillent les uns dans les autres, comme si elles faisaient exprès.

JEANNETTE. — Oh ! moi, Madame, je saurai très bien me débrouiller. D'abord, j'ai mes brevets. Je trouverai facilement à être dactylo, ou bien dans une banque ou dans un bureau. Et quand même ; ne serais-je que dans une mansarde, sans pain, je sauterais de joie.

DAISY. — Depouis que je souis sur la terre, je n'ai encore jamais vü personne sauter de joie dans üne mansarde sans târtine de pain.

ODETTE, à Daisy. — Vous qui êtes si bonne, chère sœur, voyez comme Jeannette est malheureuse ! Je vous en prie, emmenez-la ! Nous la placerons, nous lui trouverons bien quelque chose.

DAISY, à Mariette. — Et que disent ses deux bônnes fêmmes de mères?

MARIETTE. — Nous? On dit que c'est ses livres qui l'ont fait foleiller à moitié. A n'était pas comme ça, autrefois.

DAISY, à Odette et à Clairette. — Fô-leiller?

CLAIRETTE. — Devenir folle.

DAISY. — Oh ! très bienne. (A Mariette.) Mais vôs consentez tôut de même que le pitit fille, avec son foleillement, aille à Paris?

LA MÈRE CHÉNAC. — C'est sûr pas nous qui voulons qu'elle aille ! On aimerait ben mieux la garder à la maison, où qu'il y a que trop d'ouvrage. Et que je commence à avoir des douleurs l'hiver, quand il mouille à plein temps et qu'il y a des dâllées sous les portes qu'on ne sait où se mettre... J'aurais été ben aise qu'à nous aurait amené ici un bon gâs de mari, qu'aurait travaillé les terres, qu'aurait été aux foires. Et puis qu'il y aurait ben de quoi l'occuper avec les bêtes et tout le fourbi, et tous leurs enfants si le bon Dieu leur en envoyait.

DAISY. — Oui, et le bon Dieu il en donne quéquefois deux par deux et trois par trois... Ecoutez, Jeannette. Dans le fond de mon cœur, je crois que vôs ne serez pas du tout heureuse à Paris.

JEANNETTE, suppliante. — Emmenez-moi tout de même ; emmenez-moi, je vous en supplie. Peut-être, vous ne comprenez pas ce français-là ? Ça y est ! j'ai gagné ! vous avez souri avec un joli sourire !... vous voulez bien.

DAISY. — Mon sôurire... il me sert depouis plûs de trente-cinq ans déjà ; alors il n'était pas très neuf tôut à fait... Ecôtez : je ne veux pas que vôs me reprochiez plûs tard quéque chose ! Je dis : vôs ne pôvez pas être heureuse réellement ailleurs, à cause du chârme. Le campagne, le terre où vous êtes née, où tos vos ancêtres ont vécou dans le agriculture ; cette terre où ils dorment leur dernier sômmeil, vos prairies, tôut vôs retient par de pouissantes, mysterious racines, sans que vos vos en apéceviez peut-être? Le chârme, vos savez? c'est être arrêté, fasciné, dompté, c'est un enchantement magique ; et vos aurez beau tâcher de vôs échapper, c'est impossible châose. Voilà. J'ai terminé mon pitit sermon. Quoi décidez-vôs dans votre tête?

JEANNETTE, folle de joie. — Je pars ! je pars ! je pars ! (Elle embrasse Odette.)

DAISY. — Bienne. Je laisse ici mon adresse. Nous rentrons dans quinze jours à Parisse. Vôs pôurrez nôus rejoindre quand vôs aurez fait vos pitits préparations. Maïs je ne veux pas qué vôs habitiez là-bas tôt seule. Vôs habiterez avec tante Mariette, sous garantie dou gouvernement.

MARIETTE, ahurie. — Avec moi? Moi? m'en aller dans c'te Paris ! mais je n'ai jamais été plus loin que le Marilais !

DAISY. — Ce sera un pitit peu plous louine, voilà tôt. Il faut. Vô ne pôvez laisser le jeune fille seule, là-bas, pâce que, à Parisse, il y a beaucôp de fêmmes qui travaillent très bienne ; mais il y a aussi beaucôp d'hômmes qui ne font rien du tôt, excepté des bêtises. Alors, fermez votre pâquet et vénez.

LA MÈRE CHÉNAC, à Mariette. — Ben, vas-y, ma sœur. Jeannette, c'est-y pas notre fille à toutes les deux?

MARIETTE. — Et toi, alors, tu resteras là? toute seule?

DAISY. — Nô, le brave mère Chénac, elle va prendre pitit bôniche, ou bienne un hômme de jôurnée. (Trompe d'auto.)

ODETTE. — Daisy, voici le chauffeur qui appelle.

CLAIRETTE. — Je vais aller voir. (Elle sort.)

SCÈNE XIV

LES MÊMES, moins CLAIRETTE

ODETTE. — Tu es contente, Jeannette?

JEANNETTE. — Je suis ravie, ravie... si tu savais !... il me semble que c'est un rêve... Paris ! Comme tout s'est bien arrangé avec maman et tante Mariette.

ODETTE. — Daisy chérie, vous pouvez maintenant vous tenir sur votre pied?

DAISY, se levant. — Oh ! cela va réellement trés beâucop mieux ! Mon pied, il se porte cômme... un pied de biche !

SCÈNE XV

LES MÊMES, CLAIRETTE

CLAIRETTE, rentrant. — Nous pouvons partir, Daisy. La voiture est réparée, provisoirement du moins.

DAISY. — Ah ! véritablement excellente nôvelle ! Mère Chénac, encôre merci cordialement ! Et merci, demoiselle Mariette, por la si gentille cerise eau-de-vie. Enfants chéries, disez au revoir.

CLAIRETTE. — Le temps est superbe. L'averse ne paraît même plus sur la route.

DAISY, souriant. — En été, le terre est aussi vite séche que le joue d'un enfant.

ODETTE et CLAIRETTE, à Jeannette. — Au revoir ! Bon voyage ! Tu m'écriras ! A bientôt !

DAISY, sur le seuil. — Combien l'air est dôux au Mesnil-en-Vallée !... Et cômme cela sent bon !... Les prairies de la Loire, elles sont comme de jolies fêmmes : elles se pârfoument avec un mélange.

Jeannette. — Oh ! Madame, merci pour tout ce que vous voulez bien faire pour moi... je vous en suis beaucoup plus reconnaissante que je ne puis dire.

Daisy, *affectueusement.* — Ce n'était

rienne du tôut, enfant jolie ! Ce était un tout léger rembôursement, à l'américaine ; vôs avez guéri mon pitit pied et moi je vais peut-être avoir le chârmant plaisir de guérir cette pitite tête. *(Elle l'embrasse.)*

Rideau.

ACTE II

A Paris, chez Daisy. Salon élégant.

SCÈNE PREMIÈRE

GERTRUDE, *seule*

Voyons ! que je me rappelle bien toutes les instructions de Madame... Elle a du goût, Madame, elle est « artisse » quoi !... Quand elle a sa robe mauve, il faut que je garnisse le salon de roses jaunes, parce que — comment elle a dit ? — « il y a l'harmonie des nuances comme il y a l'harmonie des sons ; tout cela, o'est des gammes ». Alors, aujourd'hui, elle a sa robe de crêpe de Chine gris-perle : je vais mettre des fleurs roses. C'est joli, le gris et le rose. *(Elle arrange les vases.)* Il y a un tel mouvement dans cette maison ! Je ne sais plus où j'en suis. Les réceptions, les thés, les visites... C'est beau, la fortune... Quand on est riche, tout le monde vous aime. *(Ouvrant une boîte.)* Ah ! ça, c'est les chocolats fourrés arrivés hier soir de NewYork. *(Goûtant.)* C'est bon, mais c'est pas mieux qu'en France. Ce qu'il y avait de bonnes choses, hier soir, tout de même, au dîner ! Un dîner de vingt-huit couverts ! Rien que du beau monde ! Et dans le menu, rien que des affaires d'Amérique — jusqu'à des nids d'hirondelles comme entrée. Il en restait pour la cuisine, j'avais un bout du nid de la deuxième femme de chambre, parce que, elle, ça la dégoûtait. J'en ai mangé toute la nuit, mais j'étais contente, parce que c'est très bon.

SCÈNE II

GERTRUDE, LA COUTURIÈRE

La couturière, *entrant.* — Pardon, Mademoiselle Gertrude, est-ce que je puis entrer ?

Gertrude. — Tiens ! c'est la couturière.

La couturière. — Oui, je viens apporter le petit fourreau de peau de soie rose pour Mademoiselle.

Gertrude. — Encore une robe neuve ?

La couturière. — Ne dites pas cela. Ça fait valoir les couturières, voyons ! Tenez, regardez-moi ça ! *(Elle sort la robe du carton.)* Si c'est joli, hein ? Et faudra voir Mlle Odette dedans. Une robe sans femme, ce n'est que la moitié d'une jolie chose.

Gertrude. — Oh ! que c'est court par le bas.

La couturière. — C'est court par le haut aussi ! Mais c'est la mode. Seulement, Mlle Odette a bien recommandé de lui mettre des manches.

Gertrude. — Oui, depuis que Mlle Clairette a pris l'habit, Mlle Odette veut suivre la religion comme dans le catéchisme.

La couturière. — C'est une robe de mariée que je voudrais bien lui faire, maintenant.

Gertrude. — Ça va peut-être pas tarder. Depuis quelque temps, voyez-vous, ça sent le mariage dans l'air.

La couturière, *s'approchant.* — Tiens, tiens !

Gertrude, *confidentielle.* — Oui, il y a un petit monsieur — pas mal, ma foi ! — le beau-frère de Mme de Saint-Cyr... Je ne sais pas, mais quand il vient ici, Mlle Odette devient rose comme une églantine. Et quand Mme de Saint-Cyr vient ici, c'est des amitiés, c'est des causettes avec Mlle Odette. Je crois bien que Monsieur et Madame n'en savent rien encore. Je les aurais bien entendus parler de ça ensemble quand je fais le cabinet de toilette. Alors, vous voyez, ce n'est pas encore tout près.

La couturière. — Ils parlent peut-être bien en anglais, votre monsieur et votre dame ?

Gertrude. — Rarement, parce que Monsieur le parle mal. Alors, ça fait rire Madame. Elle lui dit *(imitant)* : « Je vôlais pas que vous soyez un ridicioule gârçon. Je préférais l'être tôt seule avec mon mâuvais français ! » Ah ! ce qu'ils s'aiment, ces gens-là ! Ça fait plaisir à voir ! C'est pire que Jacob et Rachel dans les antiquités.

La couturière, *riant.* — Est-ce que vous avez fait leur cabinet de toilette aussi, à ces deux-là ?

Gertrude. — Taisez-vous, voici quelqu'un.

SCÈNE III

LES MÊMES, JEANNETTE

Jeannette. — Mlle Odette est là, Gertrude ?

GERTRUDE. — Mais oui, Mademoiselle Jeannette. Comme vous êtes changée ! et pâlie ! et mince comme un courant d'air !

LA COUTURIÈRE. — Mlle Odette devait me donner sa sortie de bal à doubler de taffetas.

GERTRUDE. — Oui, je l'ai là. Je vais vous la remettre dans votre carton. *(Elle prend la mante et la plie.)* Voilà.

LA COUTURIÈRE. — Merci. Je lui renverrai tout à l'heure. Au revoir. *(Elle sort.)*

SCÈNE IV

LES MÊMES, *moins* **LA COUTURIÈRE**

GERTRUDE. — Asseyez-vous, Mademoiselle Jeannette. Je vais prévenir Mademoiselle. Elle est aux écuries. Elle revient de sa promenade à cheval. Comme elle va être contente de vous voir ! Elle se tourmentait de vous ! Elle disait hier soir : « Ça va faire quatorze fois que la pauvre Jeannette déménage en treize mois... » Voici Mademoiselle. *(Elle sort.)*

SCÈNE V

JEANNETTE, ODETTE

ODETTE, *en costume d'amazone.* — Comment, toi? Est-ce qu'il y a longtemps que tu m'attends?

JEANNETTE, *l'embrassant.* — Non, non, j'arrive. Je te dérange?

ODETTE. — Pas du tout. Je reviens du bois. *(Elle la fait asseoir près d'elle.)* Oh ! comme je suis heureuse de te voir ! Que deviens-tu? Es-tu contente?

JEANNETTE. — Que veux-tu ! j'ai la guigne. Ne crois pas que ce soit de ma faute. Ne crois pas cela !

ODETTE. — Ce n'est plus la Banque?

JEANNETTE. — La Banque? il y a longtemps que je l'ai quittée. J'avais eu une erreur de chiffres : un zéro de trop, alors il y a eu un million de moins dans mon compte.

ODETTE, *riant.* — Je ne comprends pas très bien.

JEANNETTE. — Moi, je n'ai jamais compris.

ODETTE. — Mais je croyais que tu étais très forte?

JEANNETTE. — Moi aussi. Tu sais, au Mesnil, on est très calée ; et puis, quand on arrive à Paris, au milieu de ces gens qui ont une rapidité de coup d'œil vertigineûse, alors, on reste tuée ! Et puis, il y a les regards moqueurs, et le patron qui veut que ça marche. Alors, moi, ça me paralyse et ça me gêle le cerveau.

ODETTE. — Pauvre Jeannette !

JEANNETTE, *gênée.* — Est-ce que cela t'ennuierait de me prêter soixante-quinze francs?

ODETTE, *surprise.* — Soixante-quinze francs? Avec plaisir, ma petite amie. Mais... tu en es là?... c'est effrayant.

JEANNETTE, *vivement.* — Oh ! non ! du tout. C'est un petit moment à passer. C'est simplement parce que je ne veux pas dire à tante Mariette que nous sommes un peu gênées. Elle s'inquiéterait, elle pourrait croire...

ODETTE. — Alors, quelle situation as-tu en ce moment?

JEANNETTE. — Je suis lectrice depuis deux jours chez la Marquise de la Raume. Une de vos amies, je crois.

ODETTE. — En effet, elle vient souvent voir ma belle-sœur. C'est une femme très agréable.

JEANNETTE. — Oui, elle m'a donné la permission de l'après-midi pour venir te voir. Et toi, quand te maries-tu?

ODETTE. — Oh ! moi ! Ça ne marche pas du tout. Je suis bien triste, je t'assure. Ce pauvre garçon a fait hier une démarche près de mon frère Bernard et il paraît qu'il a été accueilli si froidement que je ne puis m'expliquer la chose.

JEANNETTE. — Mais pourquoi? Quelles raisons lui a-t-on données?

ODETTE. — Je n'ai pu avoir encore de détails. Aucune raison, je crois, et il n'a pas osé insister, car il est extrêmement timide. Je suis dans un état !... Et Daisy, qui était présente... Pourquoi n'a-t-elle pas pris ma cause en main ! Je lui en veux !

JEANNETTE. — Connaissait-elle ton désir?

ODETTE. — Oh ! je suppose bien qu'elle s'en doute. *(On entend rire aux éclats. Daisy entre vivement et ferme la porte à clef.)*

SCÈNE VI

LES MÊMES, DAISY

DAISY, *tenant la porte.* — Nôn, nôn, Bérnard chéri, vôus n'entrerez pas ! c'est inioutile de essayer : j'ai fermé le porte à clef. Ce n'est pâs le peine de tirer en arrière. Allez-vôus prômener vôs-méme. Au revoir. *(Elle écoute.)* Il est pâti. *(Aux pelites.)* Je viens de pârier avéc Bénard que je resterai trés bienne quatre heures sans l'embrasser une seule fois. Il s'imagine que ce ne était pas pôssibeul. *(Riant.)* Quelle fatuité... les hômmes... Bonjour, pitit Jeannette.

JEANNETTE. — Bonjour, Madame.

ODETTE. — Et qu'avez-vous parié?

DAISY. — Oh ! simplement un château près de Saint-Flôrent-le-Vieux. Et comme, au fond, jé né souis pas très siôûre de moâ, je fais fermer toutes les pôrtes à clef dans ce pitit sâlon por ne pas qu'il entre ; sinon, je succomberais... peut-être? Bônnes nôuvelles, pitit Jeannette?

JEANNETTE. — Je venais dire à Odette que je suis lectrice, maintenant, chez Mme la Marquise de la Raume.

DAISY. — Aôh ! chez ce chère Mârquise? Je vôs croyé, l'autre jour, vendeuse aux Galéries Printanières?

JEANNETTE. — Là, je manquais d'air.

DAISY. — Ah ! trés bienne ! Ce était un

peu comme au Mesnil avalé : « enterrée
vivante »?

JEANNETTE, *riant*. — Oh ! aux Galeries,
je n'étais pas enterrée. Seulement, avec ce
chauffage central, il y avait des moments où
mes poumons étaient littéralement à sec,
surtout à la fin de l'après-midi ; et rester
debout sans bouger, je me sentais dépérir
comme une plante en cave.

DAISY, *la regardant plus près*. — Ce était
réellement très véritable !.... Vô étiez dans
le dépérissement. *(Prenant ses poignets et ses
bras.)* Oh !... regârdez, pitit Odette... mais
regârdez ! Pâuvres bras... pâuvres épâules...
Ah ! il n'y a plus que des os... ce n'est pas
une fêmme, ce était un déjeuner de chiens !

ODETTE, *riant*. — Jeannette ! il faut te
dépêcher d'engraisser, voyons.

DAISY. — Et le tante Mariette? Quel est
l'état présent de son âme? Est-elle satisfaite
avec le vie? Depouis qu'elle a enlévé son
coiffe par prendre un chapeau sur le tête,
elle est toute triste ! Elle m'a dit un jour :
« La terre, il n'est plous habitable. »

JEANNETTE. — Oui, nous ne pouvons pas
trouver de chambres vides. Nous sommes
toujours en meublés. C'est très cher et
assommant. Alors, comme elle n'a plus ses
armoires à mettre en ordre, elle s'ennuie
terriblement. *(On frappe.)*

DAISY, *courant à la porte*. — Qui est là?
Je souis sioure que c'est Bérnard qui veut
me faire ûne attrape ! *(A la porte.)* Qui
est-ce?

VOIX DE GERTRUDE. — C'est Mlle Mariette
qui vient voir Madame.

DAISY, *ouvrant*. — Oh ! démoisélle Mariette.... entrez ! entrez ! Justement, nôs
allions dire môqueuses chaoses de vôs ! il
était temps...

SCÈNE VII

LES MÊMES, MARIETTE

MARIETTE, *ridiculement habillée*. — Bonjour, Madame et la compagnie ! Tiens? te
vlà, Jeannette? Ben, tu sais, je viens de
rater les chambres vides du n° 6.

JEANNETTE. — Oh ! que c'est ennuyeux !
Nous qui pensions donner congé des nôtres
le mois prochain !

DAISY. — Où étaient ces chambres?

JEANNETTE. — Mais précisément près des
mansardes de domestiques de ton amie,
Odette, de Mme de Saint-Cyr.

ODETTE? — Vraiment? Oh ! alors, je suis
bien sûre que si Gisèle de Saint-Cyr peut
user d'influence pour toi, elle parlera à la
propriétaire.

MARIETTE. — Oh ! ben, ouiche ! C'est-y
pas elle qui veut prendre les chambres pour
augmenter ses « indépendances ».

ODETTE, *riant*. — Ah ! alors, c'est diffé-
rent.

MARIETTE. — Ah ! Madame Dutilleul, ne
me parlez pas de ce sale Paris ! on peut seulement pas dormir la nuit ! C'est des autos !
c'est des roulements ! c'est pire que la veille
des foires ! Et tout se paie que c'est hors de
prix ! Pour venir ici, en descendant d'un
hautobusse, j'ai failli passer sous un tram.
Ben des fois pardon, Madame ; mais j'en ai
sûr plus que j'peux endurer depuis trois
moîs dans c'te Paris. T'entends, Jeannette?

JEANNETTE. — Ecoute, tante Mariette :
patience. Je finirai par avoir une jolie situation. Alors, vous verrez. Et puis, on finira
bien par se loger.

MARIETTE. — C'est pitié plutôt, d'être
installées comme nous sommes.

ODETTE. — Rue Quincampoix? Mais je
croyais que vous n'étiez pas mal du tout.

MARIETTE. — On croyait ça parce que ça
avait de la mine. Et puis c'est la nuitte que
toutes les bêtes a sont sorties. Y en avait-y !
y en avait-y ! que les draps en étaient tout
noirs.

DAISY. — Oh ! dégoûtante chôse... des
piounaises?

MARIETTE. — Oui, sauf vot' respect. Alors,
j'ai pris un balai et j'ai tapé dessus. Et puis,
on dort avec la chandelle. Ça leur-z-y fait
peur. Ah ! si la mère Chénac voyait ça... Elle
qui aime le propre... c'est du propre...

DAISY. — Allons, le tante Mariette, âou-
bliez tâous vôs sôucis. On donne les houit
jôurs à ses dômestiques, on peut/biénne en
dônner âutant à ses châgrins.

MARIETTE. — Encore si, avec tout ça,
Jeannette avait l'air d'une fille qui a trouvé
ce qu'à veut ! Mais je la vois pas pus rire
dans c'te ville qu'au Mesnil.

DAISY. — Mais ce était vrai, pitit Jeannette... Et les conférences ? Et les miousées !
Et tâoutes les scientifiques chaôses qué vôs
vôliez absôber cômme ârtistic apéitif. Pitit
fille, âvez-vôs?

JEANNETTE, *penaude*. — Jusqu'ici, je n'ai
fait que me débrouiller dans les situations.
J'ai couru à droite et à gauche, mais je m'y
reprendrai plus tard pour jouir vraiment de
Paris. En ce moment, je me sens un peu fatiguée parce que c'est une vie tellement
intense !

DAISY. — Et mère Chénac? que fait-il tôt
seule dans son Mesnil?

MARIETTE. — A se mange les sangs de
nous envoyer tant d'argent ! Ça part pus
vite que ça ne vient. J'y dis : « Jeannette,
alle est heureuse, Jeannette à gagne gros. »
Mais à doit se dire : c'est des contes.

GERTRUDE, *entrant*. — Madame est servie.

DAISY. — C'est le goûter. Allons prendre
le thé dans le jârdin d'hiver. Cela fera remon-
ter lé bâomêtre dû moral. *(A Odette.)* Je
vôdrais qué ce fout « beau-fixe » pôr elles,
comme por nôs, dârling.

ODETTE, *soupirant*. — Oh ! moi...

DAISY, *surprise*. — Vôus? Chérie? est-ce
qu'il y a quéque part un pitit noiseau plous
chantant qué vôs... Dites? *(Odette se dérobe.)*
Mais qu'avez-vôs?

ODETTE. — Laissez-moi. D'ailleurs, vous-

vous intéressez si peu à mon bonheur.

DAISY, *consternée*. — Aôh... allez, le tante Mariette et Jeannette, allez gôter. Nôs allons vôs rejoindre. (*Attirant Odette près d'elle.*) Voilà oune pitite babé mâlheureux pouisqu'il est injouste. Qui plous que moâ s'intéresse à votre bonheur?

ODETTE, *avec humeur*. — Oui, vous avez l'air comme ça...

DAISY, *gentiment*. — Oh... âoublieuse pitite... vôs vos rappélez quand vôs étiez sôtie de pension, vôs n'aviez pas de maison, pas de parents. Moâ, j'ai dit à Bérnard : « Mon chéri, il fâut prendre ces pitits filles entre nôs deux, pôr qu'elles aient bienne châud dans lé cœur. » Et Bérnard n'osait pas vôloir! Il me disait : « Jé crains qu'elles vô gênent. » Mais moâ, j'ai répondu : « Les enfants ne gênent jamais leur maman, et moâ je serai leur maman. » Et je souis. Oh! de grosses lârmes qui font vôilette à ces yeux noirs?

ODETTE, *nerveuse*. — Je ne pleure pas.

DAISY. — Oh!... ce était si grave que cela. Racontez le histoire?... (*Berçant la tête d'Odette sur ses genoux.*) Allons... il y avait oune foâs... J'écôte... Ce était l'histoire d'un méchant ogre qui mange les pitits enfants? ou bienne ce était l'histoire d'un Prince chârmant? Vôs né vôlez pas dire à vôtre grande sœur?

ODETTE, *boudeuse*. — On ne raconte pas aux gens des histoires qu'ils savent très bien! C'est ce que Mme de Saint-Cyr me disait l'autre jour très justement.

DAISY, *étonnée*. — Oh!... Médème de Saint-Cyr, elle le connaît, elle, l'histoire?... mais je comprends dé moins en moins.

ODETTE. — Et elle ajoutait : « Ce n'est vraiment pas la peine de si bien faire semblant d'aimer sa petite sœur, si c'est pour la faire pleurer. » (*Elle s'échappe et se sauve.*)

SCÈNE VIII
DAISY, *seule*.

Ça! c'est plous fort que tôut! Mais qu'ést-ce qu'elle a?... Qu'est-ce qu'elle a, cette pitite?... Je fais pourtant mon héxamène dé conscience chaqué sôar, parce qué je pense qu'on est baôcôp jôlie quand on sé débâbouille tôs lés jôurs, et j'ai beau chercher dans mon téte, jé né vois rienne du tôt... Pitit Odéte, tôte néveuse. Oh! pôurquoi né pas dire? Oh!... je saurai... je saurai... (*Elle sort.*)

SCÈNE IX
GERTRUDE, *seule*.

(*Elle entre*). — Je me demande si je vais le trouver, moi, le sac à tante Mariette!... Elle croit qu'elle l'a laissé ici avec son parapluie. Voilà bien le parapluie. Oh! le beau parapluie du Mesnil-en-Vallée! Il doit beaucoup pleuvoir dans ce pays-là, parce qu'il est tout usé. Mais le sac, où est-il passé? (*Riant.*) Elle veut son mouchoir qui est dedans pour ne pas déplier sa serviette à thé. Il est peut-être tombé dans le parapluie? (*Elle ouvre le parapluie et le fait tourner au-dessus de sa tête.*)

SCÈNE X

GERTRUDE, SŒUR CLAIRE, SŒUR JULIE, DEUX TOUTES PETITES FILLES

SŒUR SAINTE-CLAIRE, *gaiement*. — Bonjour, Gertrude! Est-ce qu'il y a quelqu'un ici? Nous avons passé par les cuisines. (*Riant.*) Est-ce qu'il pleut dans le salon, depuis que je l'ai quitté? Pourquoi vous promenez-vous avec un parapluie ouvert, Gertrude?

GERTRUDE, *saisie*. — Oh! Mademoiselle Clairette... Ooooh! Que Mademoiselle me pardonne! Je suis si saisie de voir Mademoiselle comme ça! Si Mademoiselle savait comme je suis saisie! Comment!!! C'est Mademoiselle Clairette?

SŒUR SAINTE-CLAIRE. — Mais non, ma bonne Gertrude, ce n'est plus Mlle Clairette, c'est Sœur Sainte-Claire, vous savez bien?

GERTRUDE. — Oh! non, jamais je ne pourrai appeler Mademoiselle, Sœur Sainte-Claire.

SŒUR SAINTE-CLAIRE. — Et pourquoi donc? C'est bien plus facile de dire « ma Sœur » parce que c'est beaucoup plus doux. Essayez?

GERTRUDE, *hésitante*. — Oui, ma Sœur... Oh! mon Dieu, que c'est triste! cela donne envie de pleurer de vous voir comme ça... avec votre robe noire... votre coiffe... vos gros souliers...

SŒUR SAINTE-CLAIRE. — Est-ce que mes sœurs sont là?

GERTRUDE. — Mais oui, tout le monde est ici.

SŒUR SAINTE-CLAIRE. — Quel bonheur! Nous faisons aujourd'hui la quête dans le quartier pour nos orphelines. Voulez-vous avoir la bonté de les prévenir?

GERTRUDE. — Si Mademoiselle veut bien s'asseoir en attendant.

SŒUR SAINTE-CLAIRE. — Et mon frère! Est-ce que je vais le voir?

GERTRUDE. — Je ne sais pas. Je crois qu'il est sorti. Et vous, Chère Sœur (*à Sœur Julie*), asseyez-vous, je vous en prie, et les petites filles.

SŒUR JULIE. — Merci bien.

SŒUR SAINTE-CLAIRE. — J'ai perdu l'habitude de m'asseoir dans des fauteuils, ma bonne Gertrude! Je crois que j'y serai très mal à mon aise et je ne saurai plus quoi faire des coussins... Donnez plutôt deux chaises.

GERTRUDE. — Est-ce possible? Que c'est triste, mon Dieu! Mademoiselle prenait toujours ce polochon-là derrière son dos pour lire.

SŒUR SAINTE-CLAIRE. — Oui, c'est vrai... je vous ai donné de bien mauvais exemples... Dites, ma bonne Gertrude, allez prévenir

Madame. Et s'il y a de vieux vêtements, commencez à les mettre en paquets, nous les porterons dans la voiture de notre couvent. Elle nous attend en bas.

Gertrude, *se récriant*. — Oh ! ce n'est pas Mademoiselle qui portera les paquets, par e xemple !

Sœur Sainte-Claire, *grondeuse*. — Gertrude, Gertrude, il faut dire « ma Sœur ». Vous verrez que nous porterons très bien les paqu ts !

Gertrude, *s'essuyant les yeux*. — Que c'est triste ! mon Dieu, que c'est triste !

Sœur Sainte-Claire, *riant*. — Voyons, Gertrude, est-ce que j'ai l'air triste? (*Gertrude sort. Un temps.*)

SCÈNE XI,

LES MÊMES, DAISY ODETTE,
JEANNETTE, MARIETTE,
moins GERTRUDE

Daisy. — Comment ! Ce était nôtre pitite sœur chérie? Oh! le bonne daouce sourprise...

Odette, *se jelant à son cou*. — Clairette !! Comme c'est délicieux de te revoir ici...

Sœur Sainte-Claire. — Je suis bien, bien heureuse de vous retrouver toutes : même Jeannette, même la tante Mariette !

Mariette. — Si c'est du Dieu possible de vous revoir comme ça !

Jeannette. — Je suis tout émue, ma petite Clairette.

Sœur Sainte-Claire. — Et voici sœur Julie, celle que notre Mère supérieure a désignée pour m'accompagner dans les quêtes que nous faisons à domicile, pour les orphelines.

Daisy, *aimablement*. — Bonjôr, sœur Joulie. Permettez que je hembrasse ce cher pitit sœur Sainte-Claire. (*Elles s'embrassent.*) Oh ! chérie, vos baisers, ce était comme oune prière sour ma joue. Comme vôs avez bonne mine !

Sœur Sainte-Claire. — J'engraisse, imaginez-vous, Daisy ! C'est désolant ! Je vais être un bien triste échantillon d'ascétisme pour la communauté... et nos Sœurs n'oseront plus me produire en ville.

Odette. — Je suis bien contente. Cela prouve que tu ne souffres pas de ta nouvelle vie ! Tu avais si souvent mal à l'estomac.

Sœur Sainte-Claire. — Autrefois ? Mais oui. Souvent même la nuit, dans mon édredon de soie rose, je ne pouvais pas arriver à fermer les yeux. Maintenant, je suis à peine couchée dans ma case que je dors... Et si je me réveille, j'entends tout autour de moi dans les rideaux blancs les respirations tranquilles de nos Sœurs... Si tranquilles ! C'est bon comme une présence amie. Alors, je demande à Dieu de me donner une part dans les mérites de toutes ces Sœurs si saintes, de m'en envelopper comme d'un manteau brillant... et je me rendors jusqu'à la cloche.

Daisy. — Oh ! cômme vôs avez dé le chance, chérie, de aimer le bon Dieu comme

ça !.,. il fàudrá m'apprendre... mais peut-être ce sera cômme avéc le français : je ne pôrrai pas apprendre tôt à fait trés bien... il y aura tojors un pitit accent dé moâ-mème, un accent grave... Mais... à quoi jé pense? il fàut vinir prendre tea et gâteaux.

Sœur Sainte-Claire. — Merci beaucoup, nous ne mangeons pas entre nos repas. Nous venons simplement faire la quête pour nos enfants : des vêtements, si vous en avez dont vous ne vouliez plus, seraient les bienvenus pour nos trois cent cinquante clients.

Odette, *offrant un sac à une petite*. — Vous voulez prendre un bon chocolat? (*A Sœur Sainte-Claire.*) Ce sont vos plus petites, celles-ci?

Sœur Sainte-Claire. — Oh ! non. Celles-ci ne sont pas encore venues à la maison. Nous venons de les prendre, ma Sœur Julie et moi. Elles n'ont pas de père et leur mère a été portée hier soir à l'hôpital. Alors, les voisines viennent de nous les donner parce que personne n'en voulait.

Jeannette. — Comme elles sont gentilles... Pauvres petites ! Vous aurez la place de les mettre?

Sœur Sainte-Claire. — Je crois bien ! Sœur Julie donnerait plutôt son lit... Le poupon, car il y a un poupon aussi, est resté en bas dans la voiture. Il dort au milieu des paquets.

Daisy. — Oh !... je veux voâr ! je veux trop voâr le pôpon !... le tante Mâïette, je vôs en prie, allez mé cheurcher lé pôpon. (*Tante Mariette sort.*)

SCÈNE XII

LES MÊMES, GERTRUDE,
moins MARIETTE

Gertrude, *avec un énorme paquet*. — Voilà toute une pile d'affaires ! Y a des bas, y a des jupes à Madame, des corsages à Mademoiselle, un pardessus à Monsieur, une culotte au chauffeur, un chapeau au jardinier et des chemises à moi.

Sœur Sainte-Claire. — Je vous suis bien reconnaissante, ma bonne Gertrude ! Mes Sœurs arrangeront tout cela à la taille des petites, et ce sera une vraie fortune.

Daisy, *lui donnant un billet de banque*. — Et voâci le porbôire dé la cômmissionnaire Sainte-Claire. (*Gertrude sort.*)

Sœur Sainte-Claire. — Merci, chère Daisy ! vous me rendez bien heureuse, parce que maintenant que j'ai fait vœu de pauvreté, j'ai une vraie soif d'argent ! Je ne puis faire la charité qu'avec l'argent des autres et il y a tant de charité à faire !

Daisy, *riant*. — Aôh !... Sœur Sainte-Claire... soâf d'âgent... mais ce était de l'avarice... et pôr guérir ce horrible défàut, je vôs en enverrai âutant chaque mois.

SCÈNE XIII

LES MÊMES, MARIETTE,
moins GERTRUDE

*Tante Mariette rentre avec un énorme pou-
pon en langes et bonnet à trois pièces, poupon
fait avec un coussin étranglé au cou par une
ficelle.*

MARIETTE. — Le voilà, l'innocent !... ·

DAISY, *allant le prendre.* — Aôh ! le déli-
cioùs pôpon ! Combien côlôssalement petit !
oh !...

MARIETTE. — Il ne s'est même pas réveillé,
il avait le nez dans un paquet de chaussures.

SŒUR SAINTE-CLAIRE, *riant.* — Ce ne sera
pas notre Benjamin. Nous en avons un de
trois jours dont la mère est morte. Sœur
Julie et moi, nous sommes chargées des
enfants ·après le déjeuner jusqu'à deux
heures.

JEANNETTE. — Vous devez avoir la tête
cassée au milieu de tant de marmaille !

SŒUR SAINTE-CLAIRE. — En général, ils
dorment à cette heure-là. Mais quand l'un
d'eux crie, il suffit d'aller le caresser pour
qu'il se taise. *(Pensive.)* C'est comme les
pauvres gens : quand ils sont méchants,
c'est qu'on ne les a pas assez aimés.

DAISY. — On ne les a pas assez aimés...
comme vô avez raison, pitite sœur !... Sâvez-
vôs qué bientôt tôt lé quâtier vâ vôs connaître... le célébre Sœur Sainte-Claire... et vos
aurez vôtre statoue avant vôtre môrt...
comme le pitit gâçon dé Vendée, vôs savez?
comment déjà... M. Clémenceau?

SŒUR SAINTE-CLAIRE. — Personne ne
nous remarque sous nos voiles. Nous sommes
toutes pareilles. On dit : « Ce sont les Sœurs »,
et voilà tout. Moi qui étais si timide dans le
monde, je n'ai plus aucun embarras à circu-
ler dans les rues près de notre Sœur Julie.
Et quand je serai morte, il me semble que
je serai contente parce que je n'aurai pas
fait de bruit sur la terre : il n'y aura presque
que les anges à m'avoir vue passer.

SCÈNE XIV

LES MÊMES, GERTRUDE

GERTRUDE. — Mme la Comtesse de Saint-
Cyr est au salon. Dois-je l'introduire ici?

ODETTE, *agitée.* — Oh ! oui... Clairette,
tu vas la recevoir aussi.

SŒUR SAINTE-CLAIRE. — Nous n'avons
pas la permission de rester quand notre
quête est terminée. N'est-ce pas, Sœur
Julie?

SŒUR JULIE. — Non, ma Sœur. Il est
temps de rentrer à la Communauté. *(Elle
prend les petites par la main.)* Au revoir,
Mesdames.

MARIETTE. — Si ça fait pas du mal de les
voir passer comme ça, avec leurs paquets et
leurs quenios.

ODETTE, *à Gertrude.* — Gertrude, vous

ferez venir Mme de Saint-Cyr ici, puisque
les Sœurs nous quittent. *(Gertrude sort.)*

DAISY. — Odette chérie, âllez condouire
jiousqu'à le voâture. Jeannette et le tante
Mâïette vont vôs aider, mes Sœurs.

SŒUR SAINTE-CLAIRE. — Vous embrasse-
rez pour moi Bernard.

DAISY. — Oh ! pas avant cette soir.

SŒUR SAINTE-CLAIRE. — Quand vous vou-
drez. Je vous aime bien tous les deux. *(Elle
s'éloigne.)*

DAISY, *sur le seuil.* — Prénez lé splendide
pôpon. Il n'aôrait pas le sens de la circou-
lation.

SŒUR SAINTE-CLAIRE, *prenant l'enfant.* —
Au revoir, ma Daisy. *(Elle s'en va.)*

DAISY, *agitant la main.* — Adieu, chérie ;
vôus êtes gentille à crôquer.

SCÈNE XV

DAISY, *seule.*

Cômbien chârmantes, ces pitites reli-
giouses. Les Anges, ils doivent se regâr-
der dans leurs yeux cômme dans un
miroâr... *(Elle regarde pàr la porte ouverte.)*
Les voilà qui châgent leurs paquets... oh !
le drôle de voâtture ! on dirait le pénitentière
pânier à salade... et le bizarre cheval ! C'est
le méme qui servira à l'Apocalypse... Oh !
mon Dieu ! voici le pitit orfeline qui tombe
sûr lé nez... pâr terre... oh !... elle ne pleure
pas. Sœur Joulie lui raconte oune histoâre...
Hisse !... lé gros pâquet est monté dans le
fond, et Sœur Joulie qui s'assied dessüs...
Pitit Sœur Sainte-Claire rit aux éclats...
Comme elle rit ! Elle va étôffer de rire !

SCÈNE XVI

DAISY,
LA COMTESSE DE SAINT-CYR

LA VOIX DE GERTRUDE, *annonçant.* —
Madame la Comtesse de Saint-Cyr.

DAISY, *vivement.* — Ah !... célle-là, pâr
exemple, je l'avais ôbliée tôut à fait ! Il
fâut que je sâche l'histoâre à élle ! Cômment
faire? Jé vais mé câcher derrière ces fauteuils
et je sâurai... je sâurai. *(Elle rapproche deux
fauteuils et se cache derrière. La Comtesse
entre.)*

SCÈNE XVII

LES MÊMES, ODETTE

ODETTE, *entrant par un autre côté.* —
Bonjour, chère Gisèle. Comme c'est gentil
d'être venue. J'avais une hâte ! *(Elles
s'asseyent.)*

GISÈLE. — Bonjour, ma chérie. *(Elle l'embrasse.)*

ODETTE. — Songez que je n'ai rien appris
de ce qui s'est passé.

DAISY, *à part.* — Moâ non plous.

ODETTE. — Je vous en prie, Gisèle, ne me
cachez rien.

Daisy, *à part.* — Ah ! nô, nô, il né faut rienne câchér.

Odette. — Parce que je veux tout savoir.

Daisy, *à part.* — Tôt savoâr.

Gisèle. — Mais c'est bien simple, il ne s'est rien passé du tout. C'est pour cela qu'il est si malheureux.

Odette. — Et moi, donc ! Je n'ai pas dormi de la nuit ! Si vous saviez tout ce que j'ai imaginé ! tout ce que j'ai supposé !

Gisèle, *se rapprochant.* — Eh ! bien, voilà : quand je lui ai dit combien vos sentiments répondaient aux siens, et avec quelle sincérité vous me les aviez exprimés, lui qui est généralement timide, se décida sur l'heure, à aller parler à M. Dutilleul.

Daisy, *à part.* — Mais qui donc?

Gisèle. — Si vous aviez vu ce malheureux Alain nous revenir une heure après !

Daisy, *à part, très étonnée.* — Aôh ! Ce était Alain de Saint-Cyr?...

Gisèle. — Il était pâle comme la mort... sa main tremblait.

Odette. — Lé pauvre ami !... Qu'est-ce qu'il a dit, en somme, à mon frère?

Gisèle. — Votre belle-sœur était avec votre frère.

Daisy, *à part.* — Yes. Je étais là.

Gisèle. — Il s'est avancé ; et après quelques propos familiers, ne voulant pas attaquer directement la question, il a simplement dit : « Puis-je garder quelque espérance, Monsieur? Vous devinez l'objet de mes désirs. Vous ne sauriez croire avec quelle émotion, quelle impatience, j'attends votre réponse. »

Daisy, *à part.* — Aôh !... Ce était pôr cela.

Odette. — Pauvre Alain ! Comme il devait être bouleversé, en effet !... Et qu'a répondu mon frère?

Daisy, *se levant.* — Moâ, jé vais teurminer maintenant le pitit histoire.

Gisèle *et* Odette, *debout.* — Comment ! ! Vous étiez-là !...

Daisy. — Je étais là, yes...

Odette, *confuse.* — Oh !... Chère Daisy ! que pensez-vous?

Daisy. — Jé pense qu'il y âvait longtemps que jé étais là, accrôupie sür le croûpe dans le silence et que ce était à moâ de prendre le bavette.

Gisèle. — Madame, excusez-moi, je vous en prie !

Daisy. — Il n'y a pas besoin : vô avez trés bienne expliqué vôtre pitit affaire et vôtre beau-frère Alain, très mal raconté le sienne... Et je vais vôs dire le fin de la chôse. Quand Alain, il a dit : « Pouis-je gâder quéque espérance? », Beurnard a crou qu'il s'agissait de la cômmande de salés cochons.

Odette, *riant.* — De porcs salés?

Daisy. — Yes, à Chicago, dont déjà il avait été question entre Beurnard et loui. Alors, mon mari a répondu : « Il n'est noullement question de cela pôr le moment. » Et Beurnard s'est levé et moâ aussi, parce que nous pâtions pôr le concert. Mais nôs n'avions pas compris un mot de l'amôr... Nôs étions

tojôrs dans l'affaire (*riant*) des pitits salés cochons.

Odette, *câline.* — Alors, sœur chérie, vous voulez bien être mon avocate, maintenant que vous savez tout?

Daisy, *l'embrassant.* — Mais oui, jé vôlais bienne. Pôquoi le pitit fille elle avait câché à sa grande sœur? Elle avait fait mâl à tôutes les deux.

Odette. — Parce que... Parce que mon affection pour Alain, c'était d'abord une chère chose, que personne ne savait. C'était mon secret. Mon beau secret. Je vivais avec lui dans mon cœur, comme dans un jardin fermé. Et pourtant, il me semblait aussi que tous les passants le lisaient à travers mon front. Alors, vous, quand vous me regardiez, je pensais : « Daisy a pris mon secret dans ses yeux. »

Daisy. — Enfant ! vôs l'aimez donc beâucoup, ce grand M. Alain ?

Odette. — Oh ! oui... depuis plus de trois mois !

Daisy. — Trois môis !... Mais, ce était un vieillard, ce amôr-là !

Odette. — Il est si brave dans le devoir, si loyal, si prêt à rendre service aux malheureux ! (*Plus bas.*) Je donnerais ma vie pour lui.

Daisy. — Il ne fâut jamais donner sa vie pôr un hômme : il fâut la loui consacrer, et ce était bôcop meillor.

Odette. — Comme vous êtes bonne !

SCÈNE XVIII

LES MÊMES,
LA MARQUISE DE LA RAUME

Gertrude, *annonçant.* — Mme la Marquise de la Raume.

Daisy, *à Odette.* — Je pârlerai por vôs à Beurnard.

Odette. — Chère Daisy, vous ne faites que de bonnes actions.

Daisy, *riant.* — J'y souis por trés peu de châose ; sôvent, les bônnes actions sont cômme des enfants trôvés : on ne leur cônnaît ni père, ni mère... (*A la marquise qui entre.*) Bonjôr, chère amie.

La Marquise. — Bonjour. Comment allez-vous? Bonjour, Gisèle. Bonjour, Odette.

Gisèle. — Je suis joliment contente de vous trouver ici ! Je voulais justement vous parler au sujet de vos mansardes, puisque vous êtes la propriétaire.

La Marquise, *à Gisèle.* — Les deux mansardes qui vont être libres dans votre maison?

Daisy. — Aôh ! Mais, moâ aussi, je veux les mansardes pôr le pauvre mâlheureuse tante dé Jeannétte. Jeannétte, votre léctrice. Ah ! C'est vôs le propriété?

La Marquise. — Oui, c'est moi. Me voilà bien embarrassée entre deux amies ! Et moi, je voulais vous demander des renseignements sur cette petite Jeannette.

Daisy. — Jeannétte?Trés bon pitit fille.
Pas méchant por quatre sôus.

Odette. — Je l'ai connue à la pension.

La Marquise. — Je crois, en effet, qu'elle
est bonne fille, elle en a l'air. Mais, c'est au
point de vue de sa santé. Elle a eu, hier soir,
une crise assez forte d'étouffements qui m'a
inquiétée.

Odette, *surprise*. — Comment? Elle ne
m'en a rien dit.

La Marquise. — Je crois qu'elle le cache
aussi à sa tante. Elle est très déprimée à la
suite de mille ennuis qu'elle n'a pas dû vous
raconter : imaginez qu'à la Banque, elle a
failli être poursuivie pour détournement.
Aux Galeries, poursuites d'un autre genre
par un employé dont la conduite excita son
indignation, si bien qu'elle a dû quitter pré-
cipitamment sa place de vendeuse. Elle me
contait ses pauvres histoires pendant que je
lui préparais des fumigations. Elle doit une
forte somme au pharmacien ! Soixante-
quinze francs.

Odette, *à part.* — Ah ! je comprends
maintenant.

La Marquise. — Je me demande si c'est
bien prudent de la faire lire pendant plu-
sieurs heures?

Odette. — Jeannette est au jardin avec
sa tante. Voulez-vous la voir, Madame?

La Marquise. — Ne lui dites pas que je
vous ai parlé de sa santé. Tiens, la voilà.

SCÈNE XIX

LES MÊMES, MARIETTE, JEANNETTE

Mariette. — J'ai été voir vos z-haricots.
Eh ! bien, ils manquent d'engrais.

Jeannette, *saluant*. — Oh ! Madame la
Marquise.

La Marquise. — Bonjour, mon enfant.
Vous voyez, je venais faire visite à nos amies.

Daisy, *gaiement*. — Vénez vite, le tante
Maïette. Vénez plaider votre câuse ! Médéme le Mâquise est le propriétaire des
mansâdes dou niouméro 6 que vôs vôlez avôir.
Médéme lé Comtésse tire sur l'autre bout de
le ficélle... Alors, débrôuillez-vôs vô-même :
le lütte ! !

Mariette. — Tout de même ! je n'oserais
pas lutter avec cette dame... J'ai déjà eu
des coups avec la concierge qui m'a balancée.
A m'a dit comme ça : « Y en a de pus cossus
qui les décolleront les mansardes ! Ah oui !
qu'à dit, vous n'avez pas besoin de les
attendre ! Purée ! Vous ne savez seulement
pas ce que c'est que de donner le pas-de-
porte !... »

Gisèle, *riant*. — Je lui ai promis cinquante francs, mais simplement quand mon
bail serait signé. C'est ma petite femme de
chambre qui irait coucher là-haut ; alors, ça
me donnerait une place de plus en bas.

Daisy. — Oh ! trés dangerous !... Mâuvaise pas morale chose, envoyer côcher

pitite fémme de chambre. N'est-ce pas,
chère Mâquise?

La Marquise. — Arrangez-vous toutes
les deux ! Mon choix serait presque une indé-
licatesse d'amitiés.

Daisy, *piloyable*. — Et pâovre tante
Maïette qui paie tellément cher des meublés
sans meubles ! Et le mère Chénac qui est
lassée d'envoyer tôt l'âgent dé son bas dé
coton. Et Jeannétte qui maigrit dans son
youmide rez-de-chaussée... Comment faire ?
Oh !... idée électric dans mon tête.

La Marquise. — Vous allez loger la
femme de chambre avec la tante Mariette?

Daisy. — Nô, le grosse tante Mâïette
mangérait le pitit fémme dé chambre.

La Marquise. — Alors, comme Salomon,
vous allez couper les chambres en deux?

Daisy. — Pas du tôt ! Lés môceaux, ils
séraient trôp pitits. Bôcôp plous amiousant !
Médéme de Saint-Cyr et moâ, nôs allons
gagner lé logement en oune pâtie d'écârtée
cinq-sec.

Odette *et* Jeannette. — Oui, oui, ce
sera très drôle !

Gisèle. — Entendu. J'ai la veine aux
cartes. Alors, je gagne. C'est couru. Apportez
les cartes.

Daisy. — Gértrüde ! mettez ici table dé
jeü. Tante Maïette, priez lé saints dou Paradis. Vite, Gértrüde ! Voïlà. Médéme de
Saint-Cyr, placéz-vôs en face.

Gisèle. — Qui va donner d'abord?

Daisy. — Célle qui tôurne le carte le plus
hâute.

Gisèle, *tirant*. — Un huit... Je commence
mal !

Daisy, *tirant*. — Oh là !... mon cœur, il
bôge un pitit peu dans son câge... Un sept!...
Patatras... tante Mâïette ! jé crains qué nos
fassions triste besôgne.

Gisèle, *battant*. — Coupez.

Daisy. — Dé la main gâuche, ou dé la
main droâte?

La Marquise. — Gauche, celle du cœur.

Odette. — Droite, porte chance.

Daisy, *coupant*. — Avec tôtes les deux.
Jamais dé ma vie, jé mé souis trovée si
agitée, excepté le jôr où j'ai dit « oui » à ce
cher gâçon de Beurnard.

Gisèle, *servant et tournant*. — Le Roi ! !
Ça, c'est épatant... Atout cœur.

Daisy, *regardant son jeu*. — Aôh !... trés
embarrassée personne jé souis. Tant pis,
jé joue avec âutorité. Roi dé tréfle.

Gisèle. — Je coupe. Roi de pique.

Daisy. — Aôh !... il me semble que jé
dégringôle sur le trottoir d'un cinquième
fenêtre... Valet pique.

Gisèle. — Dame de cœur. Atout et
atout.

Daisy. — Oh ! tante Mâïette, nôs avons
pédus déjà trois bons points. Mais côuage !
à nos de donner. (*Elle bat.*)

La Marquise, *debout derrière les joueuses*.
— C'est absolument passionnant.

Mariette. — Moi, j'connais la manille,

la bataille, la pioche, mais pas ct'affaire-là.

ODETTE. — Je t'apprendrai, Jeannette. J'ai souvent joué avec Alain de Saint-Cyr.

DAISY, *tournant et riant.* — Le Roi ! Ah ! chère Médéme ! Vôs croyez qu'il n'y a qué vôs à tôrner le téte des Rois ! Cârreau.

GISÈLE. — Vous voulez bien m'en donner d'autres ?

DAISY. — Nô, nô et nô ! Mâchez un peu, voîr.

GISÈLE. — Trèfle.

DAISY, *riant.* — Atôut, atôut, atôut. C'est le vole. Trois ! tante Mâïette, nos avons trois points. Plous que deux et nos dévénons habitants dé chambres aû centre de Paris. (*Sonnerie de téléphone.*)

ODETTE. — On appelle au téléphone !

DAISY, *très agitée.* — Allez, pitit Odette. Moâ, jé né bogerais pas pôr lé Roi d'Angletérre. Je souis à le pointe de mon systéme métric... néveux. Jé côpe.

ODETTE. — Allô ! Allô ! Ah ! bon... Ah ! bon... Vraiment?... Ah ! très bien... Oui, c'est Odette. Je vais transmettre.

DAISY, *lamentable.* — Vôs vôlez bien dônner aûtres cârtes à moâ ?

GISÈLE. — Combien ?

DAISY, *sautant.* — Méci. Aôh ! jé avais eû trés peur que vous ne vôliez pas... Cinq seulément !

GISÈLE, *riant.* — Je suis dans une émotion. (*Jouant.*) La dame d'atout, trèfle.

DAISY. — Voilà. (*Jetant une carte.*) Oh ! jé souis peurpléxe.

GISÈLE. — Valet de trèfle.

DAISY. — Aôh ! tante Mâïette, dépéchez-vôs à prométtre oune livre dé bœurre à saint Antoine.

GISÈLE. — Roi de cœur.

DAISY. — Jé côpe, et voilà, et voilà... et voilà... Hip ! Hip ! Ça y est. Cinq points Hurrah, le tante Mâïette !... Nôs les avons ! Nôs les avons ! !

JEANNETTE. — Quel bonheur ! il y a tant de soleil dans cette maison.

ODETTE. — Et c'est tout près d'ici.

MARIETTE. — Je m'en vas lui faire faire d'un nez, à la concierge ! !

SCÈNE XX

LES MÊMES, GERTRUDE

GERTRUDE. — C'est une employée des Galeries Printanières qui demande Mlle Chénac.

JEANNETTE, *effrayée.* — Moi ? Qu'est-ce que c'est encore ?

ODETTE. — Une amie qui vient te voir ?

JEANNETTE. — Je n'en ai pas.

DAISY. — Faites entrer Mlle Galérie Printanière.

SCÈNE XXI

LES MÊMES, L'EMPLOYÉE

L'EMPLOYÉE. — Je vous demande pardon de vous déranger, Madame. Ce n'était pas mon intention de venir ici ; j'étais simplement chargée — et voici ma carte de police secrète (*elle tire de son sac une carte rose*) — de filer Mlle Chénac.

TOUTES. — Filer ?

MARIETTE. — Filer Jeannette ? A c'te heure ? Ben ! ! qué cause donc ?

L'EMPLOYÉE. — De la part de la Direction.

DAISY. — Et pôrquoi ?

L'EMPLOYÉE. — Parce que, après inventaire du comptoir joaillerie où Mlle Chénac était vendeuse, l'inspecteur s'est aperçu de la disparition d'une broche monture platine semée de perles fines.

JEANNETTE. — Oh ! mon Dieu, mon Dieu ! Je suis accusée de l'avoir dérobée.

L'EMPLOYÉE. — Accusée est un bien grand mot, Mademoiselle. Mais vous êtes en surveillance et sous le coup d'une perquisition à l'amiable, ainsi que le règlement de la maison le prescrit.

MARIETTE, *furieuse.* — Voleuse ! Alors, vlà Jeannette qui serait devenue voleuse à Paris ! ! Ah ! mais ! ma petite dame, vous pouvez vous rendre tout dret au Mesnil-en-Vallée et vous informer de ce que nous sommes et d'où nous venons. Et puis, on n'a pas peur.

L'EMPLOYÉE, *calme.* — Je n'en doute nullement, Madame. Mais les faits sont là. Cette broche a manqué à la vitrine le jour du départ de Mlle Chénac. Et le départ de Mlle Chénac a été si subit, au cours d'une semaine, que la Direction en fut, à bon droit, surprise.

JEANNETTE. — En effet, je suis partie subitement, mais c'était pour des motifs d'un ordre tout personnel.

L'EMPLOYÉE. — Pourriez-vous les exposer ?

JEANNETTE. — Cela m'est impossible.

L'EMPLOYÉE, *prenant un calepin.* — Vous me permettez d'inscrire vos réponses ?

MARIETTE. — Comment ! Ça t'est impossible ? Tu peux pas le dire ? tu peux pas dire pourquoi que t'es partie ? C'était-y pas le chauffage du centre qui te donnait le mal de tête ?

JEANNETTE. — Il y avait cela. Mais il y avait aussi autre chose ; et, je le répète, c'est une question d'ordre privé qu'il serait indélicat, peu discret, de raconter ainsi.

L'EMPLOYÉE, *inscrivant.* — C'est dommage pour votre cas.

JEANNETTE. — Vous pourrez dire à Messieurs les administrateurs que ce n'est pas moi qui ai pris cette broche et que je suis prête à subir leurs perquisitions et leur interrogatoire.

L'EMPLOYÉE. — C'est bien, Mademoiselle. Je transmettrai. Très désireuse de vous voir sortir au plus tôt de ce mauvais pas, voulez-vous me permettre de visiter votre réticule ?

JEANNETTE, *après un geste.* — Mon réticule ? Volontiers.

L'Employée. — Et les poches intérieures de votre vêtement?

Odette, *à Daisy.* — Oh ! c'est très pénible.

Daisy. — Laissez faire, enfant chérie. Puisque Jeannétte connaissait lé réglement, elle est obligée de sübir. Et pouisqu'elle est sioure d'elle, il n'y a rien à craindre, et c'est bon diplômatie que laisser éclâter sa honnéteté dans tôtes ses pôches intérieures.

Jeannette, *donnant son réticule que l'employée vide sur la table.* — Oh ! mon Dieu, mon Dieu. *(Elle pleure.)*

L'Employée. — Ne vous troublez pas ainsi, Mademoiselle. Vous n'êtes pas la première vendeuse à qui pareille chose arrive. Et il n'y a rien de déshonorant à laisser faire l'examen de son sac.

Daisy.— Yes, de son sac. Vos vos sôvenez de Joséph, fils de Jacob, faisant côurir son chauffeur pôr regâder dans le sac de Benjamin.

L'Employée, *continuant.* — De son sac et de son domicile. Je vous demanderai de m'y accompagner tout à l'heure.

Mariette, *agressive.* — Dans nos chambres?

L'Employée. — Dans la chambre occupée par Mlle Chénac.

Jeannette, *pleurant.* — Vous allez fouiller dans ma chambre?

La Marquise. — Ne vous désolez pas, voyons, Jeannette, puisque c'est une visite pour la forme, pour exécuter un règlement.

Gisèle. — Mais oui, Jeannette ; il est tout à fait naturel que des établissements aussi considérables aient un procédé courtois avant de recourir au juge d'instruction.

L'Employée. — C'est ceci, votre manteau? *(Palpant.)* Il n'est pas doublé mais il y a des poches.

Odette. — Ne pleure pas, ma petite Jeannette, tu ferais croire à Mademoiselle que tu es inquiète.

Jeannette, *pleurant.* — Que veux-tu... on serait nerveuse à moins.

Mariette. — Si la mère Chénac étáit là ! A mourrait de honte ! Fouiller sa fille !

Daisy. — Oh !... à Paris, tant dé chaôses énormes sont si pîtites d'impôrtance.

L'Employée. — Pardon, Mademoiselle Chénac, pourriez-vous ouvrir vous-même cet écrin que je trouve sous votre mouchoir.

Jeannette, *gênée.* — C'est une barrette que j'avais achetée parce qu'elle ressemblait à la tienne, Odette.

L'Employée, *examinant.* — L'écrin est de la rue de Rivoli. Vous aimez lès bijoux. Jé vois, vos doigts brillent de bagues. *(Ecrivant.)* Je suis obligée de noter ces observations.

Jeannette. — C'est une fantaisie que je me suis offerte un soir, voilà tout. Evidemment, j'aurais aussi bien fait de m'en passer. Cela va sûrement me faire soupçonner !... Voilà la broche. *(Elle la retire de l'écrin.)*

L'Employée, *l'examinant.* — Tout ceci est très regrettable pour vous. Cela peut ne pas être la barrette manquante, mais cela lui ressemble remarquablement : perles fines sur monture de platine.

Jeannette, *effrayée.* — Est-ce possible? mais c'est une fatalité ! Mademoiselle, je vous assure que celle-ci vient de la rue de Rivoli. Je vous l'affirme.

La Marquise. — Il serait très simple de le prouver. A votre place, je retournerais avec Mademoiselle dans ce magasin de la rue de Rivoli qui reconnaîtra sa marchandise.

Gisèle. — Croyez-vous, chère amie... ils vendent tant d'articles dans un seul jour...

L'Employée. — Il serait préférable de montrer ce bijou au chef de nos rayons de bijouterie. Tout est poinçonné en langage chiffré. Voulez-vous m'accompagner, je vous prie?

Jeannette, *s'habillant vivement.* — Je suis prête. Au revoir, Odette. Quelle émotion! c'est terrible, je n'en puis plus. J'ai un tel battement de cœur !

Odette. — Courage ! ce n'est qu'un moment à passer.

Jeannette. — Madame la Marquise, qu'allez-vous penser de moi !

La Marquise. — Je pense que cette histoire ne va pas arranger vos nerfs et votre santé, ma pauvre enfant !

Mariette. — Je pars avec toi. Au revoir, Mesdames et la compagnie. Et si quelqu'un pense que je l'aime, ce sale Paris, eh ! ben, il se trompe ! Ah ! vite la fin de la fin ! *(Elles sortent.)*

SCÈNE XXII

LES MÊMES, *moins* MARIETTE, JEANNETTE, L'EMPLOYÉE, *puis* GERTRUDE

Daisy. — Pôvre pitit Jeannette !... je crois qu'elle envoie déjà un quârt dé soupir à son Mesnil-àvàlé.

Gertrude, *essoufflée.* — Madame, la couturière qui rapportait la sortie de bal, vient d'avaler la boule de la rampe de l'escalier.

Toutes, *se levant.* — Est-ce possible !

Daisy. — Le bôule dé lé rampe de le escâlier !... dans son prôpre éstômac? Aôh... je vais voir ce pâuvre désôlante peursonne ! *(Elle sort.)*

SCÈNE XXIII

LES MÊMES, *moins* DAISY

Gertrude, *étouffant de rire.* — C'est une farce que Monsieur fait à Madame pour la forcer à sortir du salon.

Odette. — Comment ! Bernard est en bas?

Gertrude, *riant.* — Oui, Monsieur est dans le vestibule.

Odette. — Mais ce n'est pas possible ! Il était aux courses à Auteuil.

GERTRUDE, *riant.* — Il vous l'a fait croire. Mais il sait bien que si Madame le voit, Madame perdra son pari.

GISÈLE *et* LA MARQUISE. — Quel pari?

ODETTE. — Qu'elle serait restée quatre heures sans l'embrasser une seule fois.

LA MARQUISE, *riant.* — Ah ! je comprends.

ODETTE. — Moi, je suis très inquiète parce que j'aimerais beaucoup passer l'été à Saint-Florent-le-Vieil... La voici qui remonte... A-t-elle gagné? a-t-elle perdu?

SCÈNE XXIV

LES MÊMES, DAISY

ODETTE, *riant, à Daisy qui rentre.* — Eh ! bien?

TOUTES. — Eh ! bien? Eh ! bien?

DAISY. — Eh ! bienne, il n'y avait pas le plou pitit môrceau de côutiouriére et pas de bôule dans aucun éstômac.

ODETTE. — Alors... Ça y est?

DAISY. — Quôi y ést?

ODETTE. — Ce scélérat de Bernard !... vous savez bien que vous ne deviez pas l'embrasser une seule fois.

DAISY. — Oh ! jé né l'ai pas embrassé oune seulé fois !...

TOUTES, *rassurées.* — Ah !

DAISY. — Nô, jé l'ai embrassé bôcôp dé fois.

TOUTES, *navrées.* — Oh !...

LA MARQUISE. — Alors? Pas de château à Saint-Florent?

DAISY. — Yes, il y a tôt de même.

ODETTE. — Est-ce possible? Ah ! que je suis contente !

DAISY. — Beurnard, il a dit : « C'est vô qui avez pédou, mais c'est moâ qui vais payer, pâce que je seuis lé bénéficiére ! »

ODETTE, *heureuse.* — Alors, nous allons partir bientôt?

DAISY. — Yes, le jour qui est après demain.

ODETTE. — Quel bonheur ! Et vous inviterez Mᵐᵉ de la Raume? Gisèle de Saint-Cyr? Alain?

DAISY, *souriante.* — Nôs inviterons tôus nos amis et nôs nôs amiouserons à rendre tôut le monde heureux, dans le grand jôli château que m'a donné Beurnârd. C'est gentil les maris, quand ça aime leur fâme !...

RIDEAU.

ACTE III

A Saint-Florent-le-Vieil. Une terrasse de château dominant la campagne environnante. Massifs de fleurs. Au loin, paysage avec rivière. Les jeunes paysannes groupées ont chacune un bouquet de fleurs à la main. Elles vont et viennent le long de la rampe en manifestant une vive impatience.

SCÈNE PREMIÈRE

LES JEUNES PAYSANNES, *ad libitum*

MARGUERITE. — J'ai une hâte de voir les nouvelles habitantes du château !

JOSÉPHINE. — Patience ! puisqu'elles doivent arriver dans un instant.

MARGUERITE. — J'avais cru entendre l'automobile, tout à l'heure.

FRANÇOISE. — Perrette, arrange-moi mon fichu. Est-ce que ma coiffe est droite?

JOSÉPHINE. — Qu'est-ce que cela fait qu'elle soit de travers?

FRANÇOISE. — Dame ! je veux que l'Américaine me trouve aussi gentille que les filles de son pays.

MARGUERITE. — Les filles de la Loire sont les plus belles de toutes. Toi, tu as les cheveux de la teinte des grèves.

FRANÇOISE. — Et toi, tés yeux me rappellent la rivière.

SCÈNE II

LES MÊMES, LA COURTAUDE

LA COURTAUDE, *entrant et s'adressant aux jeunes paysannes.* — Allons ! Allons ! les filles, les Messieurs et dames vont point tarder à venir, et puisque Mᵐᵉ l'Américaine m'a faite la gardienne de son beau château, alors faut que vous me fassiez grand honneur. Ecoutez ce que je vas vous dire... Tais-toi, la Françoise, là-bas, puisque c'est moi qui cause !... Ecoutez ben : quand la voiture à va arriver, vous vous mettrez sur deux rangs de chaque côté... là... et puis, quand le Monsieur et la Dame et la petite demoiselle seront ici, sur cette terrasse-là, vous lèverez un bras, celui ousqu'est votre bouquet, et vous direz toutes ensemble...

FRANÇOISE, *interrompant.* — Vive la mariée !... *(Tout le monde rit.)*

LA COURTAUDE. — Mais non. Que t'es tout de même point fine pour ton âge !

Vous direz : « Vive not' maîte, vive not'-maîtresse !»

TOUTES, *à tue-tête.* — Vive not' maîte ! Vive not' maîtresse !

LA COURTAUDE. — C'est point trop mal. Seulement, toi, Félicie, tu t'as trompé de bras... Avec tes fleurs que je t'ai dit... Et puis alors moi, je leur z-y souhaiterai : « Ben le bonjour et bonne arrivée! V'là toutes vos petites fermières qui vous apportent des fleurs ! » A ce moment-là, Françoise, tu iras à leur devance, tu feras le salutte avec tes jupons et tu diras le compliment qu'elles ont mis en écrit, les demoiselles de l'école. Allez, ma fille, fais le salutte, que je te voye. *(Françoise prend sa jupe de ses deux mains et laisse choir ses fleurs en tombant sur un genou.)* Maladroite ! Et ton bouquet? Tu pouvais pas le tenir en même temps que ta robe, voyons ! Recommence-moi ça ! *(Françoise recommence gauchement.)* C'est-y désespérant de voir une fille point sotte, aussi bête !

FRANÇOISE. — C'est pas de ma faute, à moi.

LA COURTAUDE. — Enlève-toi de là ! Viens ici, Mira. C'est toi qui diras le compliment. Allons, recommencez tout. *(S'essuyant le front.)* Que j'en ai-t-y chaud ! Quand l'auto arrive, quéque vous faites?

TOUTES. — On se met sur deux rangs.

LA COURTAUDE. — Et puis après?

TOUTES. — Vive not' maîte ! Vive not'-maîtresse !

LA COURTAUDE. — Et puis après, Mira?

MIRA, *mimant à mesure.* — Je viens à leur devance... je fais le salutte...

LA COURTAUDE. — Ah ! très bien, ma fille...

MIRA. — Et je dis le boniment.

LA COURTAUDE. — C'est pas un boniment, c'est un compliment. Tâche de ben le débiter. Parle ben fort. J'ai le papier dans ma poche, je te dirai quand tu ne sauras pas... T'as compris? *(Mira fait signe que oui. Trompe d'auto.)* Les v'là !

TOUTES. — Les v'là ! ah ! mon Dieu... *(Les petites, affolées, courent dans tous les sens.)*

FRANÇOISE. — Vive not' maîte !

LA COURTAUDE. — Mais tais-toi donc, voyons !... Taisez-vous ! *(Elle les range avec sa béquille.)* Les v'là qui arrivent. Qu'est-ce qu'il faut que je dise, déjà?

MIRA. — Vous y disez : « Bonjour la compagnie, ça va bien ?»

LA COURTAUDE. — C'est point ça ! En place, vite, les filles ! *(Elles se mettent sur deux lignes, de chaque côté de la scène.)*

VOIX DE DAISY. — Alors au revoâr, Beurnard ! Ne sôyez pâs trôp lambin gârçon à Paris.

SCÈNE III

LES MÊMES, GISÈLE, LA MARQUISE, ODETTE, DAISY

Les nouvelles arrivantes entrent en scène en agitant leurs mouchoirs et ne criant à Bernard, qu'on ne voit pas : « Au revoir ! A bientôt ! »

DAISY, *toujours le dos tourné.* — Salouez de ma part le côlonne Vendôme. *(A ses amies.)* Ici, c'est le côlonne de Saint-Florent (1).

TOUTES LES PETITES, *criant en tonnerre.* — Vive not' maîte ! Vive not' maîtresse !...

DAISY, *se retournant, surprise.* — Ooooh !... Combien chârmantes cés pitites filles avéc leurs coiffes bônnes fêmmes !

ODETTE, *riant.* — Elles sont délicieuses ! Qui est-ce?

LA COURTAUDE, *saluant avec toutes les petites.* — J'suis-t-y contente de vous revoir! *(Daisy lui serre les mains.)* J'suis-t-y contente ! Vous n'êtes pas trop lassées au moins? Bonjour, Mesdames !

GISÈLE *et* LA MARQUISE. — Bonjour, ma brave femme.

LA COURTAUDE. — V'là toute la jeunesse du pays qui tenait à vous saluer dès votre arrivée et vous offrir des fleurs.

DAISY. — Jé souis réellément tôchée : les jôues des visages sont âussi fraîches également que les fleurs.

LES PETITES, *ardentes.* — Vive not' maîtresse !

LA COURTAUDE, *à ces dames.* — Assiettez-vous donc, s'il vous plaît, Mesdames, parce que y en a une qui va vous y dire le compliment.

DAISY, *s'asseyant sur un banc de jardin.* — Alors, je souis le Monseigneûr l'Evêque.

GISÈLE, *riant.* — Vous ne lui ressemblez pas du tout. *(Les dames s'asseyent. La Courtaude fait un signe à Mira qui commence par se prendre un pied dans l'autre et manque de tomber sur le nez, mais elle se ressaisit, vient au milieu, salue et commence. Ton récité et criard.)*

MIRA. — Madame, choisie au milieu de mes compagnes, je m'avance avec... avec... avec énergie...

LA COURTAUDE, *qui suit sur le papier, reprenant.* — ... Avec modestie...

MIRA. — ... Modestie, pour exprimer les sentiments... les sentiments de la... déconvenue...

LA COURTAUDE. — ... De la bienvenue.

MIRA. —... De la bienvenue au pays dont vous serez le plus bel ornement.

DAISY, *riant.* —Aôh ! trôp aimable chaôse !

MIRA. — ...Ornement... ornement...

LA COURTAUDE, *soufflant.* — ... Vous qui êtes aussi belle que bonne.

MIRA. — ...Vous qui êtes aussi laide que bonne. *(Rires étouffés des dames.)*

LA COURTAUDE. — Mais non, Mira ! Belle, belle.

MIRA, *lancée.* — ... Mirabelle, mirabelle... Vous qui n'avez jamais connu la jeunesse...

LA COURTAUDE. — ...La détresse.

---

1. Colonne élevée en commémoration du passage de la Duchesse de Berry.

Mira. — Des tresses attachées par les faveurs de la Providence, vous arrivez dans ce pays. Ce serait une joie pour nous de vous voir longtemps... de vous voir...

La Courtaude. — ...dans la pure et saine atmosphère.

Mira. — ...Dans la purée... de vous voir dans la purée...

La Courtaude, *plus fort.* — ...Pure et saine...

Mira. — ...Pure et saine atmosphère de Saint-Florent. Soyez dans le jus... dans le jus...

La Courtaude. — ... Dans la jubilation avec nos âmes.

Mira. — ...bilation avec nos ânes.

Ces dames, *riant.* — Nos ânes !

Mira. — Avec nos ânes. Le lacet de corset...

La Courtaude. — ...La voix du cœur sait...

Mira. — ...La voix du cœur sait vous dire...

La Courtaude. — ...Que vous eûtes...

Mira. — ...Z'eûtes... La voix du cœur sait vous dire que vous eûtes toutes bontés pour nous, et nous venons en grande humidité...

La Courtaude. — ...Humilité...

Mira. — ...Humilité, vous assurer de nos respects. C'est fini. *(Salut général des petites.)*

Daisy, *avec un rire étouffé, applaudissant.* — Bravo !... Je souis tout à fait imprégnée dé confiousion devant tâoutes les chaôses chârmantes — approchez, pitite fille — qué vos avez exprimées avec tant d'énergie et d'hioumidité... *(La petite tire son mouchoir.)* Aôh !... il né fallait pas pleûrer ! Jé mé môke pas dû gentil pitit fille qui avait appris avec son bon volonté les difficiles mots... beaucôp trop grands pôr son pitite tête. *(Elle lui essuie les yeux avec son mouchoir de dentelle.)*

La Courtaude. — C'est l'émotion, Madame, c'est pas du chagrin.

Daisy. — Oh ! je vais essouiyer les grosses larmes avec un baiser. *(Essayant de faire rire.)* Ce était fini? Je vais dire tôut bas quéque chôse à vôs : je pârle trés mal le français ; aussi, jé mé gârde bien de mé môquer dé peursonne... Allez dire à vôs compâgnes, d'appôrter leurs jôlis bôuquets à ces dèmes, qui, cômme moâ, aiment bocôp les fleurs. *(La petite s'échappe en courant et les autres viennent en rang une par une déposer leurs fleurs sur les genoux des Parisiennes.)*

La Marquise. — Les roses de la Loire ont encore plus de parfum qu'à Bagatelle !

Daisy. — Yes, plous natioure, moins civilisées.

Gisèle. — Les ravissants boutons d'or !

Daisy. — Le seul qui ne baisse pas au change.

Odette. — Oh ! mère Courtaude, comme vous avez eu une bonne idée d'amener ces jeunes filles ! Elles sont toutes jolies !

La Courtaude. — A sont point laides, surtout quand à rient et qu'à sont contentes.

Daisy. — Est-ce que leurs jambes côn-

naissent quéques danses? Mes amies et moâ serions bien aises de applaôdir.

Toutes, *ravies.* — Danser ! oh ! danser !

La Courtaude. — C'est ben facile, à vont point se faire prier !

SCÈNE IV

LES MÊMES, GERTRUDE

Gertrude, *entrant.* — Un télégramme pour Madame.

Daisy. — Merci ! *(Elle le lit avec un sourire et le met dans sa poche. Musique facile, ronde ou pas de polka, dans un sens puis dans l'autre. Ensuite deux divisions s'avançant l'une vers l'autre et s'éloignant. Ronde. Couper la ronde en une file, terminer en passant sous les bras des deux plus grandes et salut deux par deux devant les dames.)*

Les dames. — Bravo ! très joli ! charmant.

La Marquise. — Elles sont tout à fait gracieuses !

Daisy, *aux enfants.* — Aprés avôir si bien dansé, on a trés châud. Et quand on a trés châud, on a trés soâf. Alôrs, il faut aller demander à la fêmme dé chambre à bôare et à manger. Gertroude, je récômmande à vôs, tâoutes ces pitites bâouches qui aimeraient bocôp crême chôcôlat ou crême vânille. *(Les petites paysannes sortent en gambadant.)*

Gertrude. — Il y a en bas une personne qui dit qu'elle est la mère de Mlle Jeannette et qui voudrait parler à Madame.

Odette. — Ah ! c'est la mère Chénac.

Daisy. — Le mère Chénac, le pâuvre ! Allez le chércher, Odette, et emmenez nos amies se débarrasser de leur voyageûr costioume.

La Marquise, *s'arrêtant sur la terrasse.* — C'est tellement joli, ce paysage, que je n'ai pas le courage de partir d'ici.

Daisy, *riant.* — Eh ! bienne, il faudra rester tojôrs. Vôs voyez le rivière qui traîne, là-bas, son rôbe de soie bleüe? C'est le Loire.

Gisèle, *admirant.* — C'est vraiment grandiose.

Daisy, *gaiement.* — Yes, le Seine est pitit chaôse à côté. N'est-elle pas?... Et à gauche, c'est Varades, où nous irons pâr-dessus un pont en bôis d'ârbre, et bôbine de fil dé fer trés ciourieux.

La Marquise. — Il ne craquera pas, au moins?

Daisy. — Yes. Il crâque tôut le temps qu'on mârche dessüs, mais il ne se met pas en deux môrceaux.

Gisèle. — Heûreusement !... Et à droite, au fond, qu'est-ce que c'est?

Daisy. — C'est pitits môulins qui tôurnent quand le vent souffle déssüs. Il n'y en a pas cômme céla à Pâris.

SCÈNE V

LES MÊMES, LA MÈRE CHÉNAC

La mère Chénac. — Oh ! s'il vous plaît, Mesdames ! donnez-moi des nouvelles de ma Jeannette et de ma sœur. Y a-t-il longtemps qu'à m'a écrit, mon Dieu !...

Daisy. — Bonjour, ma bônne mère Chénac.

La mère Chénac. — Je suis toute folle avec mes inquiétudes !...

Odette. — Asseyez-vous donc. Comment êtes-vous venue du Mesnil?

La mère Chénac. — C'est le gâs Robinaud qui m'a amenée dans sa carriole. Lui aussi, il est ben dans l'ennui, rapport qu'il espérait toujours voir Jeannette revenir de la ville et pis se marier.

Odette. — Ah ! oui ! c'était le gâs de la poche du tablier, mère Courtaude?

La Courtaude. — Un bon gâs ! fidèle comme un pivert au printemps.

Daisy, énergique. — Ça ! c'est très bienne !

La mère Chénac. — Mais causez-m'en donc, s'il vous plaît, de Jeannette.

Odette. — Eh ! bien, voici : Jeannette a eu bien des petits ennuis dans ses différents emplois.

Gisèle. — Et juste au moment où elle est venue habiter avec la tante Mariette au quatrième étage de ma maison.

La Marquise. — Elle fut obligée de cesser son emploi de lectrice pour se reposer.

La mère Chénac, vivement. — Alle est malade ! alle est malade, Jeannette?

Daisy, rassurante. — Simplément, elle s'est âllongée en hâuteur, diminouée en lârgeur et aussi un pitit peu en hépaisseür.

La Courtaude. — Alle est toute fâillie, quoi !

Daisy. — Aôh ! mais il reste encôre bâocop de châoses trés biennes : teint jâoli cômme crême fouettée et les yeux, cômme deüx fenétres aouvértes sür le ciel bleu... Seulément, il faôdra remettre demi-livre dé graisse âotor dé chacun dé sés hos.

La mère Chénac, pleurant. — Mon Dieu ! mon Dieu ! à ne m'avait point dit ça, Mariette. A m'écrivait toujours : « Ça va pas mal. Jeannette, à gagne. » Qu'elle gagne, ça m'était ben plus égal... je voulais seulement qu'à soye heureuse. (Elle pleure.) Qu'à continue ses études... qu'à voye de belles choses puisque c'était son goût ; et puis, fine comme alle est, à pouvait faire bon effet à Paris ! Y en a sûr pas beaucoup d'aussi intelligente... et j'étais fière de la savoir là-bas... Je me disais comme ça : « Si tous ces gens-là savaient que c'est ma fille », mais je pensais point qu'à tomberait malade. (Elle pleure.) Alors... maintenant que vous me dites ça... ça me fait comme un coup au cœur... je me dis : « Si à meurt, ce sera de ma faute ! à moi, sa mère... » j'aurais pas dû la laisser partir... (Elle pleure.)

Daisy, tendre. — Oh ! le pâuvre mére

Chénac qui se met marteâu en tête. Ecôtez ce était pas si mâuvaise chaose que le pitit fille ait eü tant d'embêtements ennouiyeux, pârce que l'amôur dü Mésnil va monter dans son cœur par-dessüs l'amôur dé Paris.

Odette, gentille. — Vous allez déjeuner avec nous, mère Chénac ! Nous causerons encore de Jeannette.

La mère Chénac, s'essuyant les yeux. — C'est ben aimable à vous, mais y a la carriole en bas et y a le gâs Robinaud qui m'attend.

Daisy, rieuse. — Yes, fidèle cômme un pivert au printemps.

Gisèle, allant au bout de la terrasse. — Faut-il lui dire de monter?

La mère Chénac. — Il montera pas, il est poïnt hardi, mais je vas lui-z-y dire de dételer. (En sortant, elle se heurte dans Mariette, grand chapeau vert à plumes et robe marron.)

SCÈNE VI

LES MÊMES, MARIETTE

La mère Chénac et la Courtaude. — Mariette ! C'est Mariette !

Les autres. — La tante Mariette ici !

Mariette, réjouie. — Oui, me vlà ! Ben contente de vous revoir toutes, allez !

La mère Chénac, l'embrassant. — Ma pauvre sœur ! j'suis-t-y heureuse ! Moi qui étais toute dans le chagrin ! Et Jeannette? Que je t'embrasse encore ! (Elles s'embrassent.) Je te reconnaissais point avec ton chapeau... quel beau chapeau... et c'te robe que j'avais jamais vue !

Mariette, se carrant. — C'est que là-bas, tu sais, on se met bien ! Moi, j'aime les belles choses ! Ça m'a pris comme ça, à Paris.

Daisy. — Tante Mâriétte, tante Mâriétte, ce était tôt à fait heureux pour vôtre âme qué vôs soyez révénoue dans vos veurtes praïries !

La mère Chénac. — Et Jeannette ! alle est revenue?

Mariette. — Oui, point trop forte encore. Pensez donc qu'après que les Galeries Printanières l'avaient prise pour une voleuse...

La mère Chénac. — Une voleuse ! ma fille !

Mariette. — Oui, je te raconterai ça. Mais ça n'a rien été parce que tout de suite, ils ont vu que tout ça, c'est la broche...

La mère Chénac. — Une broche?

Mariette. — Une broche pour se mettre au cou... ils ont vu qu'à venait point de chez eux. Alors, ils y ont fait des reconduites jusque chez nous. Mais tout ça, avec le tintouin qu'elle avait eu partout, ça lui avait agité les sangs. A dormait pus, à mangeait pus. Et quand on a dit que vous vous en alliez tous à Saint-Florent, à m'a dit comme ça : « Si je revenais au Mesnil, est-ce qu'on se moquerait de moi ? Est-ce que ma mère à me pardonnera ? »

La Marquise. — Pauvre Jeannette !

Mariette. — Quand j'ai vu ça, j'ai été courir jusqu'au Bon Marché. Je m'suis dit :

« Je reviendrai peut-être pus dans c'te pays-ci ; je vais m'acheter des souvenirs. » Alors, j'ai choisi le plus beau chapeau et cette robe-là. Tous les employés, ils m'admiraient, parce que, n'est-ce pas, tout ça *(elle montre son costume)*, c'est si distingué !... Y en avait un qui disait : « Elle est impayable ! » Et moi, je pensais : « Dame ! c'est le plumage qui fait l'oiseau ! »

LA MÈRE CHÉNAC. — Alors, c'est Jeannette qui a voulu quitter Paris? Mon Dieu ! j'suis-t-y contente ! ! !

MARIETTE. — Vous pensez ben que je la voyais venir ! et qu'à ne pouvait pus se supporter en peinture dans la ville... Le soir à me disait : « Tiens? c'est six heures, on doit sonner l'*Angelus* au Mesnil ! » Et puis à retombait dans le silence... Je l'ai même vue pleurer un jour, en entendant un merle qui chantait dans une cage, à l'étage du dessous. Elle disait : « Pauvre petit ! Qu'est-ce qu'il est venu faire à Paris ? »

SCÈNE VII
LES MÊMES, JEANNETTE

Jeannette, très pâle, soutenue par deux petites, est entrée sans qu'on l'ait vue.

JEANNETTE, *doucement.* — Qu'est-ce qu'il était venu faire à Paris?...

LA MÈRE CHÉNAC, *se retournant brusquement.* — Jeannette ! ma Jeannette !... est-ce bien toi? *(Pleurant.)* Comme tu es changée ! *(On avance à Jeannette un fauteuil où elle s'assied en toussant.)*

JEANNETTE. — Maman ! ma chère maman ! si tu savais comme je suis contente de te revoir... j'ai cru que ce jour ne viendrait jamais ! *(Elle tousse.)* J'avais faim de retrouver ton bon visage... Dire que c'est moi qui fais encore couler tes larmes !... *(Elle a une quinte de toux.)*

LA MÈRE CHÉNAC. — Ma Jeannette, je vais si bien te soigner que tu vas guérir.

JEANNETTE. — Ecoute, mère chérie... Viens plus près... *(Elle l'attire et à mi-voix.)* Je voudrais que tu me dises *(elle tousse)*, que tu me pardonnes... Dis ! pourras-tu jamais me pardonner d'avoir voulu te quitter? Tu vois *(elle tousse)*, le bon Dieu m'a punie... je n'ai pas plus de force que quand j'étais petite... tu te rappelles? tu me ramassais tout entière entre tes genoux... et tu chantais pour me faire manger... *(Riant et toussant.)* Tu vas encore être obligée de me brasser de la bouillie... Mon Dieu ! que les enfants donnent de la peine à leur maman... *(Elle embrasse sa mère.)*

DAISY. — Mais les mamans ont des heures de grande joie, n'est-ce pas, mère Chénac?

LA MÈRE CHÉNAC, *s'essuyant les yeux.* — Oh ! pour sûr que oui, Madame !

DAISY, *caressant Jeannette.* — Alors, pitit fille, vôs volez bienne vénir étoûffer dans cé patélin?

JEANNETTE. — Oh ! vous vous moquez de moi d'autrefois... Je suis guérie pour jamais !

Je peux bien vous l'avouer maintenant : je n'ai jamais pu aimer Paris... je pensais toujours au Mesnil...

DAISY. — Vôus vôyez ce que jé vôs disais : ce était le chârme qui vôus pôursuivait de sa pouissante étreinte !

JEANNETTE. — C'est vrai... Dans les rues pleines de foule, je pensais à notre petite maison perchée au-dessus des prairies qui semblaient toutes à nous. Dans ma mansarde, je voyais la Loire courir comme une folle, au bas de notre jardin ; il me semblait qu'elle m'appelait par la voix des saules, et que son courant entraînait ma vie sur ses rives. Le soir, je me disais : « Là-bas, mon lit est dur, mais notre porte n'a pas de verrou... notre table est toute petite, mais le regard de ma mère est si loyal... *(Elle pose sa tête sur l'épaule de sa mère et tousse.)*

LA COURTAUDE. — Allons, allons, c'est vu ! Faut pas te faire du mal, ma Jeannette.

JEANNETTE, *relevant la tête.* — Vous n'imaginerez jamais, la Courtaude, combien, le dimanche, je pensais à notre petit clocher, à la sortie de la grand'messe, quand la place de l'église, avec les coiffes de dentelle blanche, ressemble à un tapis de pâquerettes couchées par le vent.

LA COURTAUDE. — On pensait ben à toi, aussi !

ODETTE. — Quel bon retour, Jeannette ! Et justement le jour de notre arrivée au château.

MARIETTE. — Ben oui, quand on nous a dit, au Mesnil, que la mère Chénac était ici, on a pris la carriole du boulanger et puis on est venu.

JEANNETTE. — C'était très amusant, Odette ! On est bien mieux en carriole sur la route bordée d'églantines qu'en métro dans les souterrains noirs. *(Respirant fortement.)* Mon Dieu ! que cela sent bon ici ! c'est toute la campagne de juin *(chant d'oiseau dans les coulisses)* qui entre par la terrasse, sur les ailes des fauvettes.

DAISY. — Et sâvez-vôus cé qui est entré ici, avec tôute l'ârdeur du grand sôleil tôut rouge ?

ODETTE, *riant.* — Le soupirant de Jeannette Chénac !

JEANNETTE, *émue.* — Le pauvre Robinaud?

LA MÈRE CHÉNAC. — O ma Jeannette ! si tu savais comme il t'attend ! comme il devinait que t'allais revenir...

LA MARQUISE. — Allons, Jeannette, il faut vous guérir vite, pour faire un heureux !

JEANNETTE. — Comme on est bon pour moi ! Je sens comme une nouvelle vie qui s'avance.

DAISY. — Yes. Nôuvelle et belle. Autrefôis, vôs étiez triste... triste comme üne rûe entre deux mûrs ; vôus viviez avec un cœur où il n'y âvait personne dédans, ni mâri, ni pitits enfants...

JEANNETTE, *songeuse.* — Un mari ! ! !

MARIETTE. — Et pourquoi pas? Se rendre utile, donner des enfants pour peupler le Paradis, je t'assure que, moi qui te parle, j'ai peut-être pas dit mon dernier mot. Seulement, jusqu'ici, je m'étais trouvée trop jeune.

GISÈLE. — Bravo ! voilà la tante Mariette qui veut fonder un foyer !..

DAISY, *riant*. — Je dirai à Beurnard que l'air est épidémié mariège et dangerous microbe. Tante Mâriette, mon chauffeur a por vôs et vôs chârmes, bocôp de admiracheune.

MARIETTE *baisse les yeux*. — Je sais.

TOUTES, *riant*. — Elle sait.

MARIETTE. — J'ai deviné.

DAISY. — Et cômme il veut se retirer dans le campagne pôr vivre dans le tranquillité des champs, vôlez-vôs que je loui dise que vôs n'êtes pas insensible à ses mérites ? *(Silence de Mariette.)*

LA MÈRE CHÉNAC. — Eh ! ben, réponds, ma sœur !

MARIETTE. — A une condition.

DAISY. — Lequel?

MARIETTE. — Je ne remettrai pas la coiffe... Qu'il me prenne avec... avec mon chapeau vert.

DAISY. — Entendu ! vous êtes née coiffée. Et vôus, pitit Jeannette, regârdez le mére Courtaude qui grille d'envie de dônner réponse à son protégé qui est en bas, dans le cârriôle.

LA COURTAUDE. — Ah ! oui ! que je grille !...

SCÈNE VIII

LES MÊMES, UNE PETITE FILLE

UNE PETITE FILLE. — Il demande s'il faut atteler, François Robinaud?

DAISY, *riant*. — Fâut-il attéler François Robinaud?

JEANNETTE, *prenant la main de sa mère*. — Maman, soyez bien contente ! vous allez avoir un gendre pour vous aider dans vos travaux.

LA MÈRE CHÉNAC, *joyeuse*. — Que le bon Dieu est-il bon et que je suis heureuse !

DAISY. — Et de deux !... *(Toutes les petites filles reviennent en s'essuyant la bouche.)* Et mainténant, je vais annoncer à tôt le monde le troisième mariage qui éclate sûr le seuil de ce beau jaôli château.

ODETTE, *tremblante*. — Quel est donc le troisième mariage?

DAISY. — Il est dans le télégramme que voici... Dévinez... Bérnard vient de causer à Angers avec un cértain Alain de Saint-Cyr, qui épouse Mlle Odette Dutilleul.

GISÈLE, *à Odette*. — Chère petite sœur...

ODETTE. — Quel bonheur ! Je crois rêver...

DAISY. — Et mainténant, nôs avons bien gagné de nôs réposer. Pitit Jeannette, pârtez avec votre mère dans le carriole Robinaud.

MARIETTE. — Eh ! ben, et moi, alors? Qui est-ce qui va venir aveo moi dans ma carriole?

DAISY. — Qui vâ aller? Mais... Mônsieur votre ange gârdien et vôtre chapeau vert...

RIDEAU.

Imprimerie J. Lechevrel, Mayenne — 1925